GALATAS

La Carta de la Libertad Cristiana

MERRILL C. TENNEY

**Decano de la Escuela Graduada Wheaton
College, Wheaton Ill.**

GALATAS
La carta de la Libertad Cristiana

Calidad en Literatura Evangélica

editorial clie

Libros CLIE
Galvani, 113
08224 TERRASSA (Barcelona)

GÁLATAS - La carta de la libertad cristiana

© 1973 por CLIE. Publicado con permiso de
W. M. B. Eerdmans Publishing, Co.

Traducido por Eliseo Vila

Depósito Legal: B. 9.433-1990
ISBN 84-7228-077-2

Impreso en los Talleres Gráficos de la M.C.E. Horeb,
E.R. nº 265 S.G. –Polígono Industrial Can Trías,
c/ Ramón Llull, s/n– 08232 VILADECAVALLS (Barcelona)

Printed in Spain

INTRODUCCION

El libro de los Gálatas es una de las epístolas de Pablo más cortas. En cualquier Biblia de tamaño regular ocupa tan sólo unas ocho páginas de dos columnas, y puede leerse fácilmente en unos veinte minutos. Como pieza literaria no es una obra de arte y no es probable que un lector casual la leyese dos veces por el mero gusto de hacerlo. Sus alusiones históricas son obscuras, y sus argumentos no parecen de gran altura desde el punto de vista moderno. En la vasta colección de escritos antiguos, parece sin importancia al lado de los dramas de Eurípides o las páginas históricas de Tácito.

Con todo, pocos libros han tenido una influencia tan profunda en la historia del género humano como este pequeño folleto, como puede llamarse. La Cristiandad pudo haber quedado cual una más de las muchas sectas judías, y el pensamiento del mundo Occidental permanecer en las sombras del Paganismo, si tal carta no hubiera sido escrita. La Epístola a los Gálatas, engendró la idea primordial de la libertad cristiana que separó al Cristianismo del Judaísmo y lo lanzó a una carrera de conquistas misioneras. Fue la Piedra Angular de la Reforma Protestante, porque enseña la salvación por la gracia, el tema dominante de los reformadores. EL COMENTARIO A LOS GALATAS, de Lutero fue el manifiesto razonado de la revo-

*lución religiosa del siglo XVI en contra del ritualismo de
la jerarquía católica. Más que ningún otro documento re-
formista, despertó en las mentes del pueblo, especial interés por la Verdad Bíblica. Acertadamente ha sido llamado dicho comentario "La Carta Magna de Emancipación
Espiritual de la Reforma", pues en sus principios se basa
enteramente la fe de una Iglesia libre (1).*

*En épocas más recientes la carta a los Gálatas ha ju-
gado un papel importante en el estudio de las Sagradas
Escrituras. Cuando se inició la crítica moderna de la Biblia a principios del siglo XIX, este libro fue considerado
como un documento primordial en la discusión de todos
los temas concernientes al movimiento cristiano. F. C.
Baur, fundador de la escuela crítica de Tubinga, que abrió
el ataque racionalista contra la actitud ortodoxa ante el
Nuevo Testamento, promovió la idea de que los escritos
novotestamentarios eran los ecos supervivientes de la
contienda entre Judaizantes y Gentiles, capitaneados res-
pectivamente por Pedro y Pablo. Descartó la autenticidad
de algunos de ellos atribuída por la tradición, y combatió
la autoridad de los Hechos de los Apóstoles sobre la base
de que era un último intento de suavizar el desacuerdo entre los grupos cristianos primitivos para que la unidad
de la Iglesia pudiera ser preservada. Reconoció que Gálatas era genuinamente de Pablo (2). El y la mayoría de sus
seguidores aceptaron las declaraciones de la referida epístola como escritas por un contemporáneo de los hechos*

---

(1) F. W. Farrar, Messages of the Books of the Bible (London:
Macmillan & C..., Ltd., 1909) .1.258.

(2) Theodor Zahn, Introduction to the New Testament (traducido de
la tercera edición alemana; New York: Charles Scribner's Sons, 1909).
1.154.

*que refiere, o sea de la controversia y desarrollo de la
cristiandad primitiva. Cuando todas las primitivas tradiciones sobre el origen del Nuevo Testamento fueron pues-
tas en duda, Gálatas fue reconocida como una base sólida
para la interpretación histórica. "De todos modos —dice
E. F. Scott— hay una base segura por la cual los historia-
dores puedan reconstruir los hechos" (3).*

*Hay muchos aspectos de la cristiandad primitiva que
no podemos conocer completamente por falta de la pertinente información. La Iglesia de la Era Apostólica se
preocupaba más de hacer historia que de escribirla; pero
la información que encontramos en Gálatas es exacta y
adecuada como base firme para nuestra consideración.
Así como una vela en una cueva no puede iluminar los
rincones más remotos, pero ilumina lo suficiente para ver
el camino a través de las tinieblas, la carta a los Gálatas
no resuelve todos los enigmas históricos, pero responde
definitivamente a esta primordial pregunta: ¿Cuál fue la
principal aportación de la Cristiandad Apostólica a la necesidad humana de luz espiritual?*

*La prominencia de Gálatas en la crítitca histórica es
grande a causa de su trascendental importancia para la
Teología cristiana. Aun cuando la mayoría de sus enseñanzas se hallan repetidas en otras epístolas de Pablo, en
ninguna de ellas encontramos el principio central de la
salvación por la fe en Cristo establecido tan convincente y concisamente como aquí. El versículo clave, Gálatas
2:20 "Con Cristo estoy juntamente crucificado, y vivo; no
ya yo, mas vive Cristo en mí, y lo que ahora vivo en la*

---

(3) E. F. Scott, The Literature of the New Testament (New York:
Columbia University Press, 1932), p. 145.

carne lo vivo en la fe del Hijo de Dios, el cual me amó, y se entregó a sí mismo por mí", une el objetivo teológico del libro con la experiencia personal del autor. La esencia del cristianismo teórico queda de este modo unida a su expresión práctica en esta significativa frase, de la cual el mismo libro de los Gálatas es una amplia interpretación..

Objetivamente, la epístola a los Gálatas afirma que la salvación es libremente concedida por Dios en respuesta a la fe fundada sobre su personal revelación por el Evangelio. Pablo dijo de este Evangelio: "Pues ni yo lo recibí ni lo aprendí del hombre, sino por revelación de Jesucristo". (1:12). Si el mensaje es una revelación de Dios, no es un artificio humano, sino la divina manifestación de la verdad eterna. Esta verdad comprende dos aspectos: la libertad humana y su limitación. Es libertad, porque les salvó de la superstición, ignorancia y degradación; es su limitación porque les pide que den oído a la revelación divina y si la descuidan es a su propio riesgo. La libertad cristiana tiene su origen en la revelación de Dios, que declara por un lado la debilidad humana y por el otro pone a su alcance, la salvación de Dios. En esta verdad encuentran los hombres su verdadera libertad, porque la libertad no consiste en la habilidad de desobedecer a Dios impunemente, sino en la habilidad de obedecerle espontáneamente sin impedimento. El poder de Dios, como se revela en la expresión "el Hijo de Dios que me amó y se dio a sí mismo por mí", es el seguro remedio para la esclavitud del humano espíritu.

Subjetivamente, la vida interior del Cristiano se discute aquí en su relación con Dios. La destrucción del pecado y la creación del nuevo hombre; el ejercicio de la fe, y el gozo de la libertad consiguiente, son presentados aquí en el natural aspecto de experiencia personal, ilustrados con alusiones biográficas. Este libro es una serie de retratos de lo que debería ser la vida espiritual; no tan sólo un formulario de buenos preceptos. El escritor declara la libertad que él mismo disfrutó, después de haber vivido una gran parte de su vida en esclavitud legalística. El uso de la primera persona del singular en Gál. 2:2, no es un error editorial, sino la expresión del sentimiento personal que rompe los lazos de restricción literaria. Pablo no pudo reprimirse a sí mismo ante la triste posibilidad de que la nueva vida espiritual de los Gálatas, tan gozosa y espontánea, pudiera ser ensombrecida por la imposición innecesaria de argumentos y ceremonias ajenos a la salvación. Los frutos del Espíritu son más importantes que la conformidad externa de la carne, y si el Espíritu Santo gobierna interiormente la acción externa se manifestará de acuerdo. "Cristo vive en mí", es el aspecto subjetivo de la libertad, pues la vida cristiana no consiste en una serie de prohibiciones, ni es una lucha entre el deseo mal reprimido del hombre y la voluntad dominante de Dios, sino la voluntad humana moderada y guiada constantemente por el control de la vida interior en Cristo. El reina por libre acuerdo, no por compulsión represiva.

De conformidad con esta experiencia personal. Pablo escribe a los Gálatas que no debían ser desposeídos fraudulentamente de la libertad, que por derecho les pertenecía. La verdad que él expuso tan vigorosa y hábilmente es todavía del más alto valor para aquellos que piensan de la vida cristiana como una serie de prohibiciones, en vez de una expresión continua de victorias divinas.

Objetivamente y subjetivamente, Gálatas es por lo tanto, la carta de liberación de las formalidades del culto externo y de la frustración de la vida espiritual interna. Como el Señor Jesucristo dijo: "Si permaneciereis en mi palabra (fe en la revelación) seréis verdaderamente mis discípulos, y conoceréis (experiencia) la verdad, y la verdad (teología objetiva) os libertará" Juan 8:31-32.

HISTORIA DEL ESTUDIO DE GALATAS

El libro de los Gálatas ha sido usado en la Iglesia casi continuamente desde el día en que fue escrito. Es posible que la epístola a los Romanos fuese como una ampliación del propio apóstol Pablo a dicha carta, porque las dos epístolas son similares en tema y en contenido. Romanos trata del asunto de la salvación por fe de un modo mucho más amplio y sistemático que Gálatas. Aun cuando la prioridad de esta última no puede establecerse de un modo absoluto a causa de la incertidumbre de sus fechas. El tono más amplio y menos polémico de Romanos indica al parecer que fue escrita cuando la controversia había disminuido y la Iglesia tenía más necesidad de consejo teológico que de una réplica a sus errores.

En la Era subapostólica Policarpo hizo alusión, por lo menos dos veces en Gálatas. En su "Epístola a los Filipenses", cita: "Dios no puede ser burlado", frase que conpenses", cita: "Dios no puede ser burlado", frase que con-Dios "levantó a Cristo de entre los muertos", refiriéndose posiblemente a Gálatas 1:1 (4). Las referencias de Gálatas en los escritos de Ignacio no son lo suficientemente cla-

---

(4 Epístola de Policarpo a los Filipenses, V, XII.

*ras para merecer un comentario. Los pasajes identifica-
bles en esta epístola se encuentran en la más larga versión de Ignacio, obra que la mayoría de eruditos consideran como falsificada. Por lo tanto no tiene valor para juzgar el uso de Gálatas en la Era subapostólica (5).*

*En el siglo segundo Gálatas fue ampliamente recono-
cido y usado. No menos de veinticinco versículos fueron
citados por Ireneo (6), quien además mencionó la epístola por su nombre (7). Fue tratado en los comentarios de
Orígenes, escritos por el año 200; y por aquella época fue
frecuentemente discutido en la literatura de las iglesias,
tanto de Oriente como de Occidente. Jerónimo y Pelagio
en el siglo cuarto, y un grupo de escritores latinos en el
siglo nueve, lo hicieron objeto de sus estudios.*

*Desde el año 900 al 1500 se escribieron unos seis co-
mentarios, pero en el siglo XVI, durante la Reforma, re-
nació el interés por la Biblia, y mediante el comentario
de Lutero, la carta a los Gálatas volvió una vez más a
ocupar un lugar primordial en la literatura de la Iglesia.*

*En la Era moderna, Gálatas ha recibido una buena
parte de la atención de críticos y exegetas. El lector en-
contrará una extensa lista de trabajos relacionados con
este libro consultando la sección bibliográfica al final
de la versión inglesa de este volumen.*

En el siglo XIX, J. B. Lightfoot publicó su comenta-

---

(5) Véanse las Epístolas de Ignacio:
A los Romanos (Versión completa). Gálatas 2:20.
A los Filadelfos (Versión completa). Gálatas 3:28.

(6) Los Padres Pre-Nicenos. (The Ante-Nicene Fathers). Wm. B.
Eerdmans Publishing Co., 1950, I, 606.

(7) Véase Irineo «Contra las Herejías», V, 11, 1.

rio modelo a la "Epístola de San Pablo a los Gálatas" el más importante por más de medio siglo. El comentario histórico de Sir William Ramsay suplementó el trabajo de Lightfoot proveyendo la base histórica y arqueológica de la epístola, ya que Lightfoot se había dedicado principalmente a un tratamiento exegético del texto. El más reciente entre los estudios importantes sobre Gálatas, es el "Comentario Crítico y Exegético" por Ernesto De Witt Burton, que fue publicado en 1920 en la colección titulada "Comentario Crítico Internacional". El valor de este último trabajo es grandemente encarecido por los estudios de palabras y notas especiales que contiene. Es evidente que el libro de Gálatas ha sido de perenne interés desde los puntos de vista histórico, crítico y teológico.

METODOS DE ESTUDIO

Para que el lector pueda recibir el máximo provecho de este libro iniciamos su estudio por diez métodos diferentes.

El Método SINTETICO nos muestra el libro como una unidad, y busca la manera de comprender su significado completo. Este método no entra en detalles sino que bosqueja los argumentos principales de general aplicación.

El Método CRITICO examina cuidadosamente las declaraciones e implicaciones del libro para averiguar el tiempo y condiciones en que se supone fue escrito.

El Método BIOGRAFICO, reconstruye, por medio de todos los datos o declaraciones que el libro pueda proveer, la figura del autor y de sus asociados, e interpreta el contexto a la luz de estos personajes.

El Método HISTORICO *reproduce las circunstancias históricas y geográficas del libro, e intenta demostrar como éstas afectan a su interpretación.*

El Método TEOLOGICO *coordina las enseñanzas del libro con las varias doctrinas de que trata, y explica sus énfasis espirituales.*

El Método RETORICO *muestra la sintaxis y figuras necesarias con relación a este lenguaje.*

El Método TOPICO *extrae del texto todas las referencias a un asunto determinado y compendia su contexto en una enseñanza unida sobre aquel tema, así lo vemos por ejemplo con la palabra "libertad", "adopción", etc.*

El Método ANALITICO *es lo opuesto al Método Sintético, pues presenta un examen detallado del texto o de alguna porción del mismo, analizando su estructura gramatical, por la formulación de un bosquejo detallado, el cual expresará de un modo exacto el sentido de esta estructura.*

El Método COMPARATIVO *ilustra el texto, comparándolo o contrastándolo con otros pasajes de la Escritura.*

El Método DEVOCIONAL *busca aplicar el significado del lenguaje apostólico a la vida personal del lector.*

Cualquiera de estos métodos producirá buenos resultados para el estudio de Gálatas, o de cualquier otro libro de la Biblia, pero una combinación de todos es lo mejor para una completa comprensión de la verdad de la Escritura. En las páginas siguientes las ventajas y limitaciones de cada uno de estos métodos serán discutidas e ilus-

*tradas. La brevedad, y también la importancia de esta
epístola, la hacen peculiarmente adecuada como ejemplo
de estos métodos de estudio, ya que tanto el tratamiento
como sus buenos resultados pueden ser demostrados en
un breve espacio.*

EL LIBRO EN CONJUNTO

Método Sintético

CAPITULO I

EL LIBRO EN CONJUNTO SEGUN

EL METODO SINTETICO

Para poder apreciar el argumento de Gálatas, debe leerse el libro enteramente. Ninguna de las epístolas de Pablo, ni ningún otro documento del Nuevo Testamento, fue dividido originalmente en capítulos y versículos como aparecen en las biblias modernas. Si bien había, sin duda, divisiones o puntos finales en sus argumentos, marcados por transiciones o definidas declaraciones de cambio de tema, cada carta fue escrita para ser leída completamente del principio al fin, como leemos las cartas hoy día. La lectura a trozos seleccionados nos ayuda a sacar tesoros expositivos, si el documento no es tratado como una composición unida referente a un solo tema. El libro de los Gálatas no es una excepción a esta regla y debe leerse totalmente para apreciar su verdadero significado de un modo completo.

Definición del Método

El estudio de Gálatas debería empezar con el simple método de leer el libro varias veces. Las lecturas conviene hacerlas no en sucesión inmediata, sino que cada una debería estar dedicada a un aspecto diferente del argumento o enseñanza principal del libro, y al final de cada lectura convendría anotar los resultados por escrito. Los pensamientos estimulados por estas lecturas sucesivas darán una perspectiva correcta del contenido del libro una vez reunidas y adaptadas.

La interpretación del libro en su totalidad por medio de este proceso de lecturas repetidas, y la suma final de los resultados, es llamado Método Sintético. La palabra sintético se deriva de la preposición griega *syn* que significa junto, y el verbo primitivo *the* que significa poner, por lo que el sentido será: "poner junto". Sintético es lo opuesto de analítico, que significa "poner aparte". El método sintético deja el detalle y trata solamente de la interpretación del documento en su conjunto.

Primera lectura: EL TEMA PRINCIPAL.

La primera lectura del libro deberá ser cuidadosa, pero rápida y su objetivo principal estaría dirigido al tema central o sea: ¿Cuál fue la idea más importante en la mente del autor y de qué manera la desarrolló? ¿Muestra algún versículo o pasaje esta idea más definidamente que los demás?

En Gálatas este pasaje es el Capítulo 5; vers. 1.

"Estad pues firmes en la libertad con que Cristo nos hizo libres, y no volvais otra vez a ser presos en el yugo de servidumbre".

La Libertad Cristiana es el tema central de la carta, particularmente relacionada con la libertad de los creyentes del yugo del legalismo, el cual es la consecuencia natural de intentar ganar la salvación por obras. Si el hombre puede obtener el favor de Dios por un voluntario cumplimiento de la ley ceremonial, su salvación depende solamente de tal obediencia. Cualquier desviación de la ley le expone al castigo y al riesgo de perder la salvación. Cada pequeño acto de la vida, por tanto, debe ser escudriñado cuidadosamente para averiguar si está de acuerdo con la ley de Dios o si está traspasando algún mandamiento divino, poniendo, por consiguiente, en peligro al ejecutor. Semejante actitud legalística produce servidumbre espiritual ya que la persona a ella sujeta, se encuentra tan embargada atendiendo la letra de la ley que muchas veces pasa por alto su espíritu. Es como dijo Cristo: "Colais el mosquito y tragais el camello" (Mateo 23:24). La epístola a los Gálatas intenta mostrar que el creyente tiene que ser salvo por la fe en lo que Cristo ha hecho por él, más que por su propia diligencia en guardar los preceptos de la ley.

Segunda lectura: EL DESARROLLO.

Una segunda lectura, teniendo en mente el tema central, nos mostrará que este concepto de libertad de la ley es recalcado en todo el libro. Pablo declaró osadamente que "el hombre no es justificado por las obras de la ley, sino por la fe en Jesucristo..." por cuanto por las obras de la ley nadie puede justificarse (2:16). Afirmó que "todos los que son de las obras de la ley están bajo maldición". La ley fue solamente "nuestro ayo para llevarnos a Cristo, para que fuésemos justificados por la fe" (3:24) y ahora que la fe ha venido, no estamos ya más bajo el ayo, sino que hemos recibido la "adopción de hijos" (4:5). Las ce-

remonias de la ley, dice, son letra muerta: ni la circuncisión vale nada, ni la incircuncisión sino la nueva criatura
(6:15).

El tono del libro es polémico. El razonamiento es de
un hombre entrometido en un debate. Los interrogantes
se suceden con rapidez (3:1-4) así como las súplicas al
lector individual (véanse ejemplos de ello en los capítulos
1:6, 10; 3:1, 2, 3, 4, 5, 15; 4:6, 13, 15, 16, 21; 5:1, 2, 13;
6:1, 10, 11, 17, y con poco menos frecuencia expresiones
de exasperación en: 1:6-9; 2:4-6, 11; 3:1; 4:11; 5:2, 12,
21; 6:12). Todo ello juntamente con la tirantez del argumento lógico. El capítulo 3 muestra que esta epístola es
controversial en su naturaleza. No es un ensayo escrito
meramente para entretener o instruir a complacidos creyentes. Fue escrita para estimular el pensamiento teológico y para poner en movimiento a una iglesia en peligro.
Sus palabras son hirientes como el filo de una espada y
sus ideas huelen a humo de batalla.

Dos problemas generales aparecen en Gálatas: El de
la salvación del alma por las obras, versus la salvación
por la fe; y el de una santificación por obras más bien
que por la fe. El primero es, peculiarmente, el problema
del formalista no creyente, cuya religión consiste principalmente en una actitud negativa de la vida, manifestada
por prohibiciones. Paralelo a este problema y como lógica contrapartida del mismo está el del creyente que desea
ser perfecto en el sentido moral y espiritual, y se apoya
en la ley para alcanzar esta perfección (3:3). Ambos problemas pueden ser englobados bajo el título de legalismo,
porque son esencialmente la misma cuestión en dos esferas de vida diferentes. No hay que ver en ello simplemente dos partidos dentro de las iglesias de Galacia, sino más

bien dos consecuencias naturales del legalismo en cualquier tipo de cristianos. 2do Problema santificación y obras

En muchos casos, el segundo de estos problemas es llanamente el resultado de ignorancia y obstinada desobediencia. De hecho, es a menudo el buen deseo de alcanzar un grado de espiritualidad más elevado que aquel con que la mayoría de creyentes se contentan. Tan pronto como el creyente fervoroso comprende las posibilidades que la salvación ofrece al desarrollo de la vida interior, desea ir más adelante, hacia la perfección, en el cumplimiento de la voluntad divina y en la superación de su propio carácter. Con todo, no siempre se da cuenta del mejor método de conseguir este objetivo. Algunos creyentes sinceros al encontrar que la Redención les ha libertado de las penalidades de la ley, pueden figurarse que están fuera 1er error de los santos preceptos de la ley, y por tanto tomar la actitud de: "Soy salvado por gracia y hago lo que me da la gana".

Por el otro lado, hay quienes pueden, a causa de su maravillosa experiencia de salvación, sentirse tan obligados a guardar los mandatos divinos que lleguen a caer 2do error en la esclavitud de las restricciones expresadas en la ley. Al buscar la santidad esforzándose en guardar todas las reglas y preceptos de la ley, pueden caer en el engaño de que la perfección puede ganarse por esfuerzos propios, con menosprecio de la obra de Cristo.

La carta a los Gálatas está dirigida contra ambos errores, aun cuando el segundo punto es objeto de mayor atención que el primero. Pablo lo ataca con coraje: ¿Tan necios sois —dice— que habiendo comenzado por el espíritu ahora os perfeccionais por la carne? (3:3). *Sostiene que es el espíritu, no la letra, lo que vale; el crecimiento del hombre interior, no observancias rituales; frutos, no restricciones negativas, son las verdaderas señales de progreso espiritual.*

Tercera y cuarta lectura: Bosquejo.

La tercera y cuarta lectura deben tener por objeto formar un bosquejo del texto. La tercera lectura debe ser exploratoria. Si el tema principal está claro en la mente del lector, verá pronto el desenvolvimiento lógico de este tema en el texto. Si el autor fue capaz de escribir una obra convincente, tuvo que haber seguido algún plan. Si este plan coincide exactamente o no con la forma en que el propio lector habría tratado el tema, de haber sido el autor de la epístola, no importa. El lector debe aguzar su mente para descubrir el plan lógico del autor, y seguirlo a través de su escrito.

Veamos la manera de encontrarlo:
coincidencias han de ser consideradas como divisiones orden cronológico, geográfico, histórico y literario, tales coincidencias han de ser consideradas como divisiones principales en el pensamiento del autor.

A falta de alguna clave manifiesta, similar a las indicadas, los cambios abruptos de asunto, de persona, o de forma retórica: como un cambio de narración, una interrogación o una exhortación, muestran que el autor se ha lanzado a un nuevo asunto y este reconocimiento debe aparecer en el bosquejo del libro.

El mejor medio para identificar semejantes cambios es seguir el texto por párrafos, notar el contenido de cada párrafo como una unidad, y entonces correlacionar los mayores cambios encontrados en este proceso con el posible desenvolvimiento del tema principal. Los resultados conseguidos, de este modo, se aproximarán, probablemente, el plan del autor. Naturalmente, los párrafos no constan en el texto original y representan, solamente, el juicio de los editores que arreglaron el texto en la forma que hoy existe. Sin embargo proveen una base relativamente sólida para el estudio ordinario del libro.

El gráfico adjunto presenta el texto de Gálatas dividido en párrafos, según la Versión Americana de la Biblia Inglesa y en el texto griego de Eberhard Nestle (1). El contenido general de cada párrafo es compendiado de tal manera que el hilo del pensamiento pueda ser seguido fácilmente.

En sólo dos puntos difiere la división paragráfica de los textos inglés y griego. El 2.° párrafo inglés termina con 1:10. El 2.° párrafo griego termina con 1:3. La confusión es perdonable, porque 1:10 puede haberse tomado como una explicación de la vehemente imprecación de los versículos precedentes, o bien como una introducción a la afirmación de independencia que sigue. El párrafo griego es preferible, porque el anatema del versículo 9 cierra la exposición del problema que motiva la carta, y en el versículo 10 principia la defensa personal, la cual es a la vez un abierto ataque a sus opositores sobre el tema general del libro.

La segunda variante ocurre en el 4.° párrafo griego, el cual comprende los párrafos ingleses 8, 9 y 10, termi-

---

(1) NOVUM TESTAMENTUM GRAECE cum apparatu critico curavit D. Ebrhhard Nestle, novis curis elaboravit Dr. Erwin Nestle. Editio duodevicesima. Sttugart: Priviligierte Wurttembergische Bibelanstalt, 1948.

nando en el Cap. 4:7 con las palabras: "Y si hijo, también heredero de Dios por Cristo".

Desde el final del décimo párrafo inglés hay completo acuerdo entre ambas versiones, hasta los comienzos del párrafo 16, donde el 10° párrafo griego incluye los párrafos ingleses 16 al 20. El esquema inglés hace los detalles del argumento más fáciles de seguir, ya que está dividido en pequeñas partes.

La división en párrafos del original griego condensa el texto en un número más reducido de secciones largas, y destaca más las principales divisiones.

A pesar de que el texto podría estudiarse muy bien por párrafos, ya que cada uno contiene una idea, la epístola entera no puede ser comprendida a menos de tener una clara idea de su estructura total. Una serie de párrafos no forman un tratado, del mismo modo que un montón de madera, plancha y clavos no son una casa. La relación de las partes componentes debe establecerse para seguir el hilo del pensamiento.

Un estudio de los párrafos nos enseñará muy pronto que el texto de Gálatas se puede dividir en cinco partes principales.

Primeramente, está la parte que comprende los saludos e informes sobre la ocasión de la epístola, párrafos núm. 1 y 2 (1:1-9).

Segundo: Tenemos la acción de Pablo que trata de su carrera personal, párrafos 3 a 6, (1:10 a 2:21). Esta división sigue más el sistema griego que el inglés. El versículo décimo del capítulo primero y los versículos 18 al 21 del capítulo segundo, pueden ser considerados como un paréntesis transitorio, con todo, pertenecen a la segunda parte del texto.

La *tercera* parte del texto empieza con el párrafo 7, y continúa hasta el párrafo 10, o posiblemente hasta el 13. Gálatas 3:1, que se abre con una imprecación y continúa con una línea de pensamiento hasta 4:4, llevando al lector a una conclusión positiva: "Así que no eres ya más siervo, sino hijo, y si hijo también heredero de Dios por Cristo" (4:7). El texto que sigue en el capítulo 4:8-31, inclusive, puede calificarse como una parte separada, ya que encierra más bien una súplica personal que un argumento teológico.

Por otro lado, todo el contenido de Gálatas es de tal modo apasionado y personal, que la distinción entre argumento y exhortación no puede hacerse aquí de un modo más claro que entre 3:6 y 3:7, donde no hay ninguna división paragráfica. Quizás lo más satisfactorio sería llamar al texto de 3:1 a 4:31, una porción de argumento teológico entremezclado con exhortación. La simetría entre 4:7 - 4:11 - 4:20 y 4:31, aparece cuando se comparan los finales de los párrafos sucesivos. El primero y el cuarto hablan de una determinada posición, la cual el creyente ha alcanzado por derecho, privilegio que es realmente suyo. El segundo y tercero expresan el temor de Pablo de que el estado de los Gálatas no corresponda a su posición. El obvio intento de la tercera parte es afirmar la base teológica para la libertad que los creyentes poseen en derecho, como hijos de Dios.

La *cuarta* parte empieza con el párrafo 14, o sea en el paréntesis que empieza en 5:1, y continúa hasta el párrafo 20, o sea cap. 6:10. Dos temas relacionados aparecen en esta sección: El trabajo interno del Espíritu Santo en la vida que ha sido emancipada del legalismo, y los prácticos efectos éticos que se esperan de esta vida. La necesidad de la santificación es reconocida, dándose una respuesta positiva a la pregunta del cap. 3:5.

Los tres últimos párrafos, 21 al 23 en la Versión Inglesa y 11 al 13 en la Versión Griega, forman una *conclusión* que une el sentimiento personal del apóstol y el resumen de enseñanza del libro.

GRAFICO DE LOS PARRAFOS DE GALATAS

Según la versión española de Cipriano de Valera y el texto griego de la versión Nestle del Nuevo Testamento.

Versión de Reina-Valera			Texto Griego de Nestle		
N.º	Ref.	Contenido	N.º	Ref.	Contenido
1	1:1-5	Salutación	1	1:1-5	Salutación
2	1:6-10	Motivo de la carta	2	1:6-9	Motivo de la Carta
3	1:11-17	Los primeros contactos de Pablo con el evangelio.	3	1:10-2:21	Informes biográficos de la vida de Pablo.
4	1:18-24	Primeros viajes de Pablo.			
5	2:1-10	Visita de Pablo a los apóstoles.			
6	2:11-21	Discusión con Cefas en Antioquía.			
7	3:1-14	La justificación por Fe, no por la Ley.	4	3:1-4:7	Contraste del régimen de la Gracia con el régimen de la Ley.
8	3:15-22	Propósito de la Ley.			
9	3:23-29	La posición del Heredero.			
10	4:1-7	Significado de la Herencia.			
11	4:8-11	Contraste con el pasado.	5	4:8-11	Su antiguo estado en el Paganismo.
12	4:12-20	Llamamiento personal.	6	4:12-20	Llamamiento personal.

Versión de Reina-Valera			*Texto Griego de Nestle*		
N.º	Ref.	Contenido	N.º	Ref.	Contenido
13	4:21-31	Alegoría de Hagar.	7	4:21-31	Alegoría de Hagar.
14	5:1	Transición.	8	5:1	Transición
15	5:2-12	Peligro de la Circuncisión.	9	5:2-12	Peligro de la circuncisión
16	5:13-15	Libertad en Amor.			
17	5:16-24	Frutos morales de la vida en el Espíritu.			
18	5:25-26	Exhortación a andar en el Espíritu.	10	5:13-6:10	Exhortaciones prácticas ?
19	6:1-5	Vida práctica en el Espíritu.			
20	6:6-10	Sembrando y cosechando.			
21	6:11-16	Llamamiento personal conclusivo.	11	6:11-16	Llamamiento final
22	6:17	Sentimientos personales.	12	6:17	Expresiones personales.
23	6:18	Despedida final.	13	6:18	Despedida final.

En la cuarta lectura del libro deben juntarse las enseñanzas de los varios párrafos en un bosquejo total. En Gálatas este bosquejo puede crearse con la organización de su texto en la forma, homiléticamente llamada tópica o de asunto, y usando las partes que señalamos a continuación como divisiones principales. El tenor de este bosquejo será argumentativo, más que descriptivo; ya que el carácter del libro es esencialmente polémico.

GALATAS: La Carta de la Libertad Cristiana

Introducción: 1-1-9

    A. Saludo: La Base de la Libertad 1:1-5
    B. Motivo de la Carta: El Derecho a la Libertad . . 1:6-9

I. *El Argumento Biográfico*: Una Revelación Independiente. 1:10; 2:21.

    A. Independiente de toda Enseñanza Humana . . . 1:10-17

PREGUNTAS REFERENTES AL LIBRO

MÉTODO CRÍTICO

CAPITULO II

PREGUNTAS REFERENTES AL LIBRO

METODO CRITICO

Algunas palabras del vocabulario técnico de los pensadores cristianos han sufrido la misma suerte que el infortunado viandante que bajaba de Jerusalén a Jericó. Cayó en manos de ladrones, los cuales le maltrataron, dejándole medio muerto al lado del camino, de tal manera que los viajeros le miraron con asco y pasaron lo más deprisa posible. Del mismo modo la palabra "crítica" ha sido asociada por largo tiempo a los métodos de estudio adoptados por un racionalismo hostil, que ha caído en infamia en los círculos evangélicos. Sin embargo la palabra "crítica" es un término bueno y útil, y el oficio que describe es completamente legítimo cuando se usa por motivos sanos y bajo métodos apropiados. El estudio crítico de Gálatas no significa necesariamente que su texto tiene que ser analizado con el propósito de exponer errores, sino que tiene que examinarse de manera que el estudiante pueda comprender lo que encierra y qué evidencias presenta de su propia autenticidad.

El estudio crítico se refiere a dos campos principales: el histórico llamado también "alta crítica" y el textual, comúnmente llamado "baja crítica". Los términos alto

y bajo no se refieren a superioridad o inferioridad entre
sí mismos, sino más bien a las esferas de que proceden. El
criticismo trata de la transmisión del texto del documento
que se considera. Busca la forma de averiguar si el texto
que el autor original escribió ha sido transmitido exactamente como él lo puso en el manuscrito, o si ha sufrido
cambios en su reproducción que hayan podido alterar o
pervertir su significado. Obviamente, si la Biblia es la Palabra de Dios, solamente es digna de confianza hasta donde el texto del manuscrito original haya sido preservado
en las traducciones actualmente existentes.

La Alta Crítica se refiere a las personas, influencias y
condiciones que determinaron la producción del escrito.
Su función puede describirse y comprenderse mejor por
medio de una ilustración: Supongamos que limpiando el
altillo de una vieja casa descubrimos una carta, que declara ser escrita por Abraham Lincoln, en la cual el pre-
sidente dice que ha recibido un radiograma de Inglaterra
sobre relaciones diplomáticas con los Estados Unidos. La
carta sería declarada inmediatamente falsa, porque Lincoln no podía escribir nada semejante, ya que las trans-
misiones radiofónicas fueron descubiertas en la mitad
del siglo XIX. Del mismo modo, si un documento antiguo
contiene una referencia que implique una condición o
una tendencia de pensamiento acerca de la cual es evidente para la Ciencia Histórica, que no existió en la fecha que
el documento pretende haber sido escrito, se hace sospechoso de ser una falsificación.

Pero no siempre los resultados del estudio crítico han
de ser negativos. Imaginemos que la antes mencionada
carta no contuviese ningún anacronismo notorio, semejante al mencionado, pero revelase alguna relación descono-

cida entre Lincoln y la Corte de San Jaime. Un cuidadoso
escrutinio crítico podría abrir un amplio campo de conocimiento histórico que pudiera incluso cambiar completamente la opinión general acerca de ciertos datos históricos durante el período de Lincoln. El criticismo puede,
por consiguiente, fortalecer tanto como destruir valores
cuando es empleado adecuadamente. El juicio de lo que
pudo a no haber ocurrido durante un cierto período histórico nunca debe ser limitado por la ignorancia.

Con todo, debe tenerse en mente el peligro del método
crítico. Cuando es empleado por algún motivo propio y
partidista, a fin de inventar alguna nueva hipótesis, o con
el propósito de desacreditar algún documento que contiene verdades desagradables para el crítico, es un riesgo
más que una seguridad. En cambio, el método crítico de
comparar evidencias y de deducir conclusiones de un modo imparcial, es ciertamente legítimo. La suposición sub-
jetiva de lo que es probable y lo que no lo es, ha entrado
con exceso en el pasado estudio de la Biblia. Si uno supone que "los milagros no son posibles", entonces el criticismo histórico basado en esta presunción rechazará la
veracidad de una gran parte del Nuevo Testamento. Si la
fecha de un escrito ha de ser determinada no de un modo
objetivo, sino en favor de un juicio subjetivo, (como se
pretende hoy día en el campo del criticismo textual) no
habrá entonces posibilidad alguna de determinar de un
modo concluyente el propósito de tales escritos, y mucho
menos su mensaje. Puede ser que no sean aplicables a
los problemas críticos reglas fijas y tajantes, pero honra-
damente debiera establecerse una línea de separación entre el juicio privado, fundado en un pleno conocimiento
del asunto, y una opinión privada, formada por el gusto

personal o el medio ambiente del propio crítico. Las verdades espirituales sólo pueden ser discernidas espiritualmente; y todo intento de tratarlas sobre una base de puro racionalismo es tan anti-pedagógica como futil. Se debe recordar siempre que los documentos bíblicos que los estudiantes manejan son en sí mismos, fuentes primarias y principales de información. El tipo de criticismo que los trata con suspicacia solamente porque son religiosos, y comienza la investigación buscando faltas y discrepancias, no es científico porque es perjudicial. Estos documentos no fueron escritos por falsificadores que pusieron sus sentimientos sobre el papel por el puro placer de engañar a un público ignorante; por el contrario, fueron escritos por hombres que habían sacrificado comodidades, salud, reputación, y aun arriesgado la vida, por la causa del Evangelio que habían abrazado.

Aun aparte de la cuestión de inspiración, debería atribuirse a los escritores de la Biblia por lo menos tanta sinceridad y exactitud como a los otros escritores de la antigüedad, cuyas pretensiones de veracidad no han sido tan drásticamente analizadas.

Ningún erudito, naturalmente, puede pretender que está completamente libre de prejuicios. Cada ser humano tiene ciertamente, predisposiciones de mente y se mueve en determinados círculos sociales que afectan su proceso mental consciente o inconscientemente. La absoluta imparcialidad está fuera del alcance humano. A pesar de que esta introducción al estudio crítico de Gálatas es manifiestamente del lado evangélico, procuramos evitar extravagantes pretensiones e injustas tergiversaciones, acerca de la posición de otros.

El criticismo textual no será tratado en este capítulo

como un tema aparte, aunque hagamos referencia a diversas variantes en el texto original de Gálatas tantas veces como sea necesario. Nuestra argumentación se limitará a un solo aspecto, el del criticismo histórico, ya que hemos de tratar de la autoridad, unidad, destino, ocasión, fecha y lugar del escrito. El estudio será relativamente breve ya que algunos de los asuntos han de ser tratados más extensamente bajo otros métodos de estudio, en próximos capítulos. De todos modos el propósito de este trabajo es introductorio, más que minucioso, en la exposición de Gálatas. Se trata de familiarizar al estudiante con métodos de estudio, mas bien que llevar a cabo un estudio enciclopédico y detallado de todos los pormenores del libro.

La Paternidad de Gálatas

El primer peldaño de la valoración crítica de un libro es establecer su paternidad. ¿A quién reconoce el libro como autor? El libro vale tanto como valga el autor. Por lo tanto el libro tendrá autoridad como revelación divina hasta el punto que el autor sea reconocido como llamado por Dios, e inspirado divinamente. Puede ser que en última instancia algunos libros tengan que ser juzgados como auto-auténticos, ya que muchas veces se sabe poco del autor, fuera de lo que sus libros dicen de él mismo. Generalmente, y a pesar de todo, la identificación del autor ayuda a situar el escrito en el arroyo de verdad revelada, que Dios ha tenido a bien concedernos por medio de sus siervos.

Si la paternidad de un libro es incierta, su autoridad puede ser recusable.

El establecimiento de autoridad depende de dos clases de evidencias: externa e interna. La evidencia externa es derivada de fuentes ajenas al documento que se considera. La evidencia interna depende del propio contenido del documento. Ambas son útiles, pero en el estudio inductivo del texto de la Biblia las evidencias internas pueden conseguirse más fácilmente, y por lo tanto serán examinadas aquí.

A pesar de que las evidencias internas de paternidad son escasas en algunos libros de la Biblia, no hay escasez de ellas en Gálatas. El nombre de Pablo se encuentra en el saludo inicial (1:1) ligado a su título de apóstol. La palabra apóstol, que significa "enviado" o "delegado" fue el término por el cual Pablo definió su autoridad. Su apostolado fue determinado por dos factores: Su visión de Cristo, y los resultados de su ministerio en la conquista de almas. 1 Corintios 9:1-12). El reconoce el hecho de que la palabra apóstol había sido hecha un término oficial en la comunidad cristiana, que podía ser aplicado solamente a los líderes de la Iglesia. (1 Corintios 9:1), pero no arguye en favor de su derecho desde un punto de vista jerárquico. Juzgó su autoridad mas que como un privilegio, como una base de su serviceo. Ya que él había servido a los cristianos de Galacia trayéndoles el mensaje del Evangelio, apelaba a su oficio apostólico para pedirles una atención respetuosa a lo que tenía que decirles.

El nombre de Pablo no es una inserción arbitraria en el primer capítulo de Gálatas, ya que se encuentra también en el cuerpo de la carta (5:2). El tono personal, mantenido en todos los capítulos, indica que la epístola es el producto de una experiencia íntima e individual que es inseparable del texto. Prácticamente los capítulos 1 y 2, son autobiográficos por completo; los debates del capítulo 3, (3:1-6, 15) están en primera persona del singular; las súplicas del capítulo 4, se refieren directamente a las relaciones entre los que reciben la carta y el autor de la misma (4:11, 12-20); la intensidad del testimonio de Pablo aparece en el capítulo 5 (5:2, 3); y la conclusión en el capítulo 6, termina con una alusión a los sufrimientos por Cristo de parte del autor (6:17). Gálatas no es un ensayo que puede haber sido escrito por cualquiera y atribuído a Pablo. Es tan fervoroso e íntimo que no puede separarse del autor.

Del mismo modo la evidencia externa confirma con sólido fundamento la paternidad paulina del libro. Las breves alusiones que se encuentran en los escritos de los sucesores inmediatos a los apóstoles, indican que circuló y fue usado en las iglesias a principios del siglo segundo Particularmente Policarpo muestra ser conocedor del libro por la gran semejanza de su fraseología con la de Gálatas, a pesar de que no menciona el libro por su nombre (1). Citas concretas de dicha epístola se encuentran en los escritos de Irineo a fines del siglo segundo, quien la menciona directamente, declarándola epístola paulina (2)

---

(1) Epístolas de Policarpo:
A los Filipenses 3:2, 3 y Gál. 4:26 «la madre de todos nosotros».
A los Filipenses 5:1 y Gál. 6:7 «Dios no puede ser burlado».
A los Filipenses 12:2 y Gál. 1:1 «Por Jesucristo y por Dios el Padre que lo levantó de los muertos».

(2) Irineo «*Contra las Herejías*», III:6, 5, y también el apóstol Pablo cuando escribió: «Ciertamente, en otro tiempo, no conociendo a Dios, servíais a los que por naturaleza no son dioses; mas ahora, conociendo a Dios, a más bien siendo conocidos por Dios»... (Gál. 4:8-9). Idem III:7, 2 — Otro ejemplo ocurre en la epístola a los Gálatas, donde se expresó de esta forma: «Entonces, ¿para qué sirve la ley? Fue añadida a causa de las transgresiones, hasta que viniese la simiente a quien fue hecha la

y lo mismo ocurre en las obras de Clemente de Alejandría y de Orígenes, que vivieron en la segunda mitad del siglo de Irineo (3).

Incluso entre los llamados herejes del siglo segundo, como Marción, Gálatas fue reconocido como carta del apóstol Pablo, y el Canon Muratori en el año 180 A.D. y la lista de Eusebio en el año 325 lo contienen. Ciertamente fue aceptado siempre como genuino en la Iglesia primitiva.

Por consiguiente, y con muy pocas excepciones, Gálatas es aceptado como epístola paulina conjuntamente por los críticos conservadores y por los modernistas. La escuela de Tubinga, dirigida por F. C. Baur a principios del siglo XIX, fue la primera en dudar de la paternidad de casi todas las epístolas de Pablo, pero aceptó sin reservas la genuidad de Gálatas. Unos pocos escritores de finales del siglo XIX afirmaron que ninguna de las epístolas Paulinas fueron realmente escritas por Pablo, y las atribuyeron a una tardía escuela de editores paulinos. Estas ideas no han sido tomadas seriamente por la mayoría de los eruditos. "Burton dice que pertenecen más a la historia de las opiniones que a conclusiones reales" (4).

El establecimiento de la autoridad paulina de Gála-

---

promesa; y fue ordenada por medio de ángeles en mano de un Mediador» (Gál. 3:19).

(3) Clemente de Alejandría, *Stromata* III, 15. Del mismo modo también Pablo escribió a los Gálatas de esta forma: «Hijitos míos, por quienes vuelvo a sufrir dolores de parto, hasta que Cristo sea formado en vosotros» (Gál. 4:19). ... *Orígenes contra Celso*: V 64 «El mundo es crucificado a mí y yo al mundo», con Gál. 6:14.

(4) Burtou, Comentario Crítico y Exegético de la Epístola a los Gálatas. (Carlos Scribner e Hijos. (Nueva York, 1920), pág. 70-71).

tas aporta una base sólida al erudito que trata de reconstruir un retrato exacto de los problemas y doctrinas de la Iglesia Primitiva, y da seguridad al instructor bíblico que desea exponer el evangelio genuino, tal como fue proclamado por los predicadores del siglo primero.

La unidad de Gálatas

La unidad de la epístola está fuera de cuestión. No hay ninguna indicación de que haya sufrido ningún arreglo editorial. Su vehemencia excede algunas veces los límites de una pulida retórica, pero desde el principio al fin revela un solo autor, una ocasión y un propósito. Pablo afirma enfáticamente que la escribió de su propia mano (6:11), como si quisiera impresionar a sus lectores con su vehemencia y su énfasis acerca de las verdades que la epístola contiene.

El destino de Gálatas

¿Qué eran "las Iglesias de Galacia"?

Históricamente, el nombre de Galacia deriva de los Galos, que invadieron el Asia Menor Central tres siglos antes de Cristo y establecieron un reino independiente centrado en las ciudades de Pesinus-Ancyra, (la moderna Angora) y Tavium. En el año 64 A.C. después de la conquista romana del nordeste, Pompeyo dividió el territorio de Galacia bajo tres jefes: Amyntas fue nombrado rey de Pisidia y Phrigia; y a Polemón hizo rey de Lycaonia e Isauria. Veintiocho años después, bajo el reina-

do de Marco Antonio, en el año 36 A.C. se dio a Amyntas
Galacia y Lycaonia, y a la muerte de Antonio el mismo
Amyntas conquistó Panphilia Cicilia y Derbe. De este
modo el territorio del reino de Galacia, tributario de los
Romanos, fue aumentado considerablemente.

En el año 25 A.C. Amyntas fue asesinado y los Romanos hicieron de Panphilia una nueva provincia. Parte
de Lycaonia, incluyendo Derbe, fue dada a Archelao de
Capadocia. En el año 41 A.D. la frontera de Galacia era
Derbe, la cual fue restituida a este reino. Listra y Antioquía fueron hechas colonias romanas. La provincia entera, incluyendo el territorio original de los Galos y las provincias que le habían sido añadidas fueron llamadas Galacia. Esta era su extensión en los días en que Pablo y
Bernabé empezaron a evangelizar el Asia Menor, hasta
que Nerón, en el año 63 A.D. añadió a la provincia el
país denominado Ponto. Este territorio comprendió:
1.° La costa en cada lado de Amisos en la provincia Bithy-
nia de Ponto; 2.° El reino de Polemón II; 3.° El territorio
Galaico de Ponto, llamado Pontus Galaticus. La historia
de Galacia después de los días de Nerón no afecta a las
narraciones del Nuevo Testamento.

El nombre de Galacia, se aplica por lo tanto no solamente al territorio original de los Galos situado en la
parte central norte de Asia Menor, sino a la provincia romana entera, la cual en los días de Pablo, comprendía
un territorio mucho mayor, extendido hacia los bordes
de Licia, Pamphilia y el reino de Antioquía. El intento de
definir a cuál de estos significados debería atribuirse el
nombre dado a esta epístola en el Nuevo Testamento, ha
levantado dos hipótesis conocidas como: la teoría de la
Galacia del Norte y la de la Galacia del Sur.

La pregunta concerniente al destino de esta epístola es: si Pablo quería significar la Galacia original, refiriéndose solamente al territorio norteño, o si quería aplicarlo a la provincia romana entera, que incluía también la parte sur. La palabra Galacia y Gálatas aparece siete veces en el Nuevo Testamento. En Gálatas 1:2 es mencionada en las salutaciones de la epístola, y en 3:1 se refiere a la gente de las Iglesias a quienes la carta se dirige. Ninguna de estas dos citas resuelve la cuestión, ya que son aplicables a ambas teorías.

En 1 Corintios 16:1, Pablo habla de "las Iglesias de Galacia". Estaba comprometido en levantar fondos para los pobres de Jerusalén, y en una reciente visita a Galacia había animado a los creyentes a contribuir. En el mismo contexto se refirió a Macedonia (16:5), Acaya (16:15) y a Asia (16:19). Ya que Macedonia, Acaya y Asia, son nombres de provincias romanas, parece probable que del mismo modo Galacia sea citada en el contexto como una provincia.

En 2 Timoteo 4:10, Pablo hace una alusión a Galacia. La referencia es obviamente a la provincia entera.

Los otros dos pasajes que contienen referencias a Galacia se encuentran en los Hechos de los Apóstoles. El primero en Hechos 16:16, donde dice: "Y pasaron a Frigia y a la provincia de Galacia...". La expresión es peculiar, y podría mejorarse traduciendo "las regiones de Frigia y Galacia" (5), "el país Frigio-Galatico". La interpretación se complica por una variante (6) la cual substitu-

---

(5) Tex. griego: Dielthon de ten Phrygian kai Galatiken choran.
(6) Tex. griego: Dielthontes. Esta expresión no tiene mucho apoyo en los manuscritos.

ye el verbo definido "pasaron" por un participio que daría una idea temporal (7) de "pasaron a Frigia" o "después que hubieron pasado por...". ya que estaban en su camino hacia el oeste, el territorio debe ser adyacente a Asia y Misia, en donde se les prohibe entrar. La segunda frase ocurre en Hechos 18:23: "La región de Frigia y Galacia, confirmando a los hermanos". Aquí la región Galática y la Frigia se tratan como dos regiones independientes, atravesadas en el mismo orden en que se mencionan. En Hechos 19:1, Lucas dijo de Pablo: "Andadas las regiones superiores vino a Efeso". Quizás significa las regiones Frigio-Galática, el terreno montañoso sobre el que las principales carreteras pasaban del centro al sur de Asia Menor, bajando hacia los valles torrentosos sus vertientes occidentales.

El uso que Lucas hizo de estos términos puede o no coincidir con el que Pablo hizo del mismo.

Pablo, aparentemente se refirió a la provincia de Galacia, tal como estaba en sus días, pero ¿a qué parte? Lucas usó solamente el adjetivo Galático o Galaico, que puede ser étnico o provincial en su significado.

Una consideración cuidadosa de los viajes de Pablo muestra que en Hechos 16;6, empezó una nueva aventura misionera. Pablo había concluído su viaje de inspección de las Iglesias de Derbe, Listra, Iconio y Antioquía de Pisidia, que habían sido fundadas en su primer viaje misionero (Hechos 13:14), y estaba buscando nuevos campos de evangelización. El Espíritu Santo "le había prohibido hablar en Asia" por lo tanto tomó la ruta que pasaba por la región Frigio-Galática en su camino a Bitinia.

---

(7)   Tex. griego: Ten Galatiken choran kai Phrygian.

Si se admite la segunda interpretación de 16:6, ya mencionada, entonces la frase identificará la región Frigio-Galaica con las iglesias de la Galacia del Sur que había visitado. Esta expresión no implica necesariamente que hizo un largo viaje hacia el nordeste, a la Galacia étnica original.

El lenguaje de Hechos 18:23 parece confirmar esta conclusión. Resumiendo el viaje de Antioquía a Efeso, Lucas dice que Pablo "confirmó los discípulos". Es posible que estaba aludiendo a los discípulos convertidos en su segundo viaje en el territorio mencionado en 16:6; pero parece más lógico que significara las Iglesias de la Galacia del Sur que fueron las primeras iglesias gentiles fuera de Antioquía, donde se originó el principal problema de las relaciones entre Judíos y Gentiles en la primera edad apostólica. Estas necesitaban la "confirmación" que Pablo podía darles.

La identificación de las Iglesias de Galacia, con éstas fundadas por Pablo en su primer viaje, constituye la "Teoría de la Galacia del Sur". El uso que Pablo hace del término Galacia como una provincia, podría significar, ciertamente, que las iglesias de la epístola son éstas de las ciudades del sur; y la fraseología de Lucas no contradice esta conclusión. Si el uso que Lucas hizo del término "Galaico" se refiere a otra región particular de Galacia, daría la idea de que Pablo visitó la región del norte en su segundo y tercer viaje, pero si así fuera, Lucas le daría demasiado poca importancia al mencionarlo tan de corrida.

Lightfoot, en su notable comentario de Gálatas, sostiene sin embargo que "las iglesias de Galacia" pertenecen a la región propiamente dicha (8). "Hay muchas razones —dice— que hacen posible que la Galacia de San Pablo y San Lucas no es la gran provincia romana con dicho nombre, sino la tierra de los Galos". Señala que el uso que Lucas hace de Mysia, Pisidia y Frigia es étnico, no geográfico, y no se refiere a las divisiones políticas, por lo tanto el término Galacia debería tener el mismo significado. Ya que Lucas llamó a Listra y Derbe ciudades de Lycaonia, y habló de Antioquía como de Pisidia, Lightfoot considera que dichas ciudades no pueden considerarse como galáticas. El supone que quizás el relativo silencio o brevedad de Lucas respecto a las Iglesias de Galacia fue causado por sus tempranos defectos, ya que el asunto era demasiado doloroso para ser expuesto en el libro misionero de los Hechos de los Apóstoles, o quizás que eran relativamente de poca importancia en el desenvolvimiento de la cristiandad gentil en el siglo primero.

Pero el caso es que no evitó siempre los asuntos desagradables, como por ejemplo el episodio de la división entre Bernabé y Pablo (Hechos 15:36-40) y es difícil de comprender por qué quisiera evitar toda referencia a la "controversia galática" cuando explicó con todo detalle la disputa sobre el mismo tema que tuvo lugar en Antioquía y en Jerusalén al final del primer viaje de Pablo. Además, las referencias a Bernabé en la carta a los Gálatas parecen totalmente inexplicables, a menos de que las Iglesias de Galacia sean éstas fundadas en su primer viaje, ya que Bernabé no viajó con Pablo "por la región

---

(8) J. B. Lightfoot, St. Paul's Epistle to the Galatians (décima edición). Macmillan & Co. Londres. 1890, pág. 18-35.

de Frigia y Galacia" (Hechos 16:16) en su viaje siguiente.

La última mención de Gálatas que encontramos en el Nuevo Testamento está en 1 Pedro 1:1, donde el término no se usa en un simple sentido político, o se encuentra asociado con varios nombres de origen político o geográfico, la mayoría de los cuales tienen un carácter provincial más que étnico.

Al conectar el escrito de acuerdo con una de estas teorías rivales, debe tenerse en cuenta que su valor es únicamente crítico e histórico. Ninguna de ambas teorías afecta a la verdad doctrinal de Gálatas, y cada cual tiene algo en su favor, pues la evidencia no está toda de un lado.

La teoría de la Galacia del Norte es la más antigua de las dos. Supone que la visita de Pablo a Galacia empezó en el segundo viaje, cuando abandonó el territorio sur de Derbe, Listra e Iconio, y viajó por la región de Frigia y Galacia, mencionada en Hechos 16:6. Los defensores de este punto sostienen que atravesó el territorio de la antigua Galacia Pessinus, posiblemente Ancyra y Tabium, y finalmente llegó hasta Troas después de un largo viaje. Una expedición de retorno en el tercer viaje es referida por el lenguaje de Hechos 18:23, donde dice que. "Fue por la región de Galacia y Frigia", para confirmar a los discípulos". Este fue generalmente el punto de vista de comentaristas como Davidson (9), Godet (10, Li-

---

(9) Samuel Davidson, An Introduction to the Study of the New Testament. (Segunda edición corregida y aumentada: Londres Longmans, Green & Co. 1882), pág. 70, 72.

(10) F. Godet. Introduction to the New Testament, I The Epistles. of St. Paul (traducido del francés por William Affleck; Edimburgo). T. & T. Clark, 1894, pág. 182-188.

ghtfoot (11), Moffatt (12) y es sostenida aun por varios escritores actuales.

La teoría de la Galacia del Sur, sostiene que todas las referencias a Galacia en las epístolas Paulinas se refieren a la provincia entera y que las Iglesias Galáticas son aquellas ciudades que el libro de los Hechos menciona expresamente en los viajes de Pablo: Derbe, Listra, Iconio y Antioquía de Pisidia. El mayor partidario de la teoría fue Sir William Ramsay, cuyos descubrimientos arqueológicos en Asia Menor le hacen una autoridad en la materia. La mayoría de los comentadores modernos como, Bacon (13), Burton (14), Duncan (15), Emmet (16) y otros, concuerdan en que esta epístola está dirigida a las Iglesias de la Galacia del Sur. La fuerza de esta hipótesis depende de varias consideraciones:

1.° Las ciudades antes mencionadas, que Pablo visitó en su primer viaje, estaban todas dentro de la provincia de Galacia en el tiempo cuando dicho viaje evangelístico tuvo lugar.

2.° No hay ningún recuerdo de obra cristiana permanente o de alguna organización de Iglesias en el norte de Galacia. Si la alusión de Lucas a "Frigia y Galacia" en Hechos 16:6 y 18:23 se refiere al norte de Galacia, la

(11)   J. B. Lightfoot, pág. 18-22 (véase nota 8).
(12)   James Moffat, An Introduction to the Literature of the New Testament. (Charles Scribner's Sons, 1911). Nueva York, pp. 90-101.
(13)   Benjamín W. Bacon. Comenario a la Epístola a los Gálatas. (The Macmillan Co., 1909), pp. 17-24.
(14)   Ernest Burton (véase nota 4), pág. XXIX-XLIV.
(15)   George S. Duncan, The Epistle of Paul to the Galatians. (Harper & Bros. Nueva York), pp. XVIII-XXI.
(16)   Cyril W. Emmet. S. Ptaul's Epistle to the Galatians. (Funk & Wagnalls, 1916), pp. IX-XIV.

visita le Pablo fue accidental y la frase "confirmando a los discípulos" nos obliga a pensar que se trataba de individuos más que de grupos organizados, lo que es poco verosímil.

3.º Las carreteras principales de Cilicia a la costa del mar Egeo, no pasaban por el norte de Galacia. La ruta lógica de Pablo en su segundo viaje del norte de Tarso, a las puertas le Cilicia, hacia el oeste, a través de Derbe y Listra, luego hacia el norte a Iconio, y otra vez hacia el oeste a Antioquía de Pisidia. La región de "Frigia y Galacia", se extiende más al norte y oeste de Antioquía. Evidentemente, Pablo no se fue hacia el norte desde este punto, antes la referencia de Hechos 16:6-8, indica que marchó hacia el oeste, a Mysia, hasta llegar a Troas. Si la frase de Hechos 16:16 se traduce "la región Frigio-Galaica" como Emmet (17) y otros suponen, probablemente se refiere al territorio Frigio incluído en la provincia de Galacia, o al territorio lindante con ambos, Frigia y Galacia, que se extiende al oeste de la provincia.

4.º La presencia de agitadores judaizantes en las ciudades del norte es menos probable que en las ciudades del sur. Estas últimas se hallaban en las rutas directas entre Palestina y los puertos del mar Egeo, y se hace mención de los judíos residentes en Antioquía de Pisidia e Iconio en Hechos 13:14, 14:1. Las otras ciudades eran fácilmente accesibles a los Judíos, ya que éstos vinieron hacia abajo, a Listra, procedentes de Iconio para incitar

_____

(17) Sobre este punto Emmet dice: «El hecho de que el artículo no se repita, parece sugerir que la frase significa «el distrito Frigio y Galaico», siendo Frigio un adjetivo. En este caso se refiere al distrito compuesto por Frigia y Galacia o sea las partes de Frigia que correspondían a la provincia de Galacia».

a la multitud en contra de Pablo (14:19). Puesto que algunos de los convertidos de esta región eran judíos y gentiles prosélitos, era muy natural suponer que fueran susceptibles a la influencia judía después de su conversión.

La influencia judía en las Iglesias de Galacia se justifica mucho más fácilmente admitiendo que se trata de las Iglesias de la Galacia del Sur.

Una buena teoría intermedia entre ambos puntos de vista es defendida por Thiesen, quien en su "Introducción al Nuevo Testamento", supone que la epístola a los Gálatas fue dirigida a las iglesias de la Galacia del Sur, ya que Pablo emplea indistintamente el término Galacia en el sentido étnico o geográfico, pero que las narraciones de Lucas en el libro de Hechos se refieren a visitas a Galacia del Norte, en las cuales el escritor, Lucas, no participó, y de las cuales había muy poco digno de escribir.

El motivo de la Carta a los Gálatas

El motivo de la epístola es perfectamente explicado en la introducción, (1:1-10). Pablo había predicado a los Gálatas, y un buen número de ellos se habían convertido. El mensaje que predicó allí no era diferente del que había predicado en otros sitios; porque había proclamado a: "Jesucristo... crucificado" (3:1) y "levantado de los muertos" (:1). Este mensaje constituyó su evangelio esencial como él mismo dice en 1 Corintios 1:23 y 15:1-11. Los Gálatas habían aceptado el mensaje y se habían adherido de todo corazón a esta doctrina cuando él partió.

Sin embargo, después de su partida, tuvieron un desliz de su nueva fe. Aceptaron un evangelio "diferente" que no era "similar al antiguo" (18). Había sido predicado por ciertas personas que les estaban trastornando, y aún más, que querían "pervertir" el evangelio de Cristo. La idea de la palabra "pervertir" es más fuerte que alterar o cambiar; significa "echar a perder" o quitar la eficacia". La ira de Pablo se enciende, no porque estuviera celoso de rivales, sino porque los líderes del grupo disidente estaban tramando una substitución del evangelio genuino de Cristo. Su intolerancia no era fanatismo ni orgullo, porque se incluye a sí mismo en la maldición: "Aunque nosotros o un ángel bajado del cielo os predicara un evangelio diferente del que os hemos predicado, sea anatema" (1:8). Por lo tanto, el defecto no era una mera diferencia de opinión teológica, sino que radicaba en el concepto fundamental del evangelio.

No está muy claro si estos líderes heterodoxos eran invasores de fuera o si se levantaron de entre los mismos Gálatas. La implícita analogía entre ellos y aquellos: "Unos que vinieron de Santiago a Antioquía de Siria" (Gal. 2:1-2) puede demostrar que pertenecían a un grupo de judíos que se empeñaron en seguir a Pablo y hacer prosélitos entre los convertidos de sus iglesias a una fe legalista. El encanto de su razonamiento había "fascinado a los Gálatas" (3:1). Evidentemente estos maestros les prometieron el cumplimiento del ideal cristiano de llegar a la perfección guardando la ley ceremonial (3:3) la cual incluía la observancia de los "días, meses, estaciones y

---

(18) Gál. 1:6-7. Aquí se usan dos palabras distintas: «hetereos» en el v. 6, que significa «otro» en el sentido de la diferencia de calidad, y «allos» en el v. 7, que significa «otro» en el sentido de diferencia de identidad numérica.

años" (4:10), semejantes a los que los Gálatas habían guardado en su antiguo paganismo (4:8). La principal demanda de estos maestros fue la circuncisión, la cual, decían, era símbolo de guardar la ley de Dios (5, 2, 3, 6). Habían tenido éxito en persuadir a las iglesias de Galacia a que aceptaran sus demandas y el resultado fue que la fe básica de ellos había sido de tal manera pervertida, que la salvación vino a ser algo que se tenía que ganar, más que un don de la Gracia (5:3, 4).

Aparecen algunas insinuaciones de que el ministerio personal del Pablo había sido atacado. En 1:10, dice: "Porque: ¿persuado yo ahora a los hombres o a Dios? o ¿busco de agradar a hombres? Cierto que si todavía agradara a los hombres no sería siervo de Cristo". Sus opositores habían insinuado que la actitud de Pablo de evitar los requisitos legales de la circuncisión y la observancia de las ceremonias de la ley, era motivado por su deseo de complacer la debilidad de la naturaleza humana más que por su anhelo de ofrecer una salvación solamente por fe en Dios. Fue acusado de predicar de segunda mano una verdad que, tras recibirla de los apóstoles de Jesucristo había mal representado a causa de su ignorancia (1:11, 16, 17).

Parece que insinuaban que había sido repudiado por la Iglesia de Jerusalén, pues Pablo contra su costumbre hizo referencia a que los líderes de la Iglesia le habían dado la diestra de su compañerismo, aprobando su trabajo (cap. 2). Otros, con evidente sinrazón, murmuraron que quizás predicaba aun la circuncisión cuando no estaba entre los Gentiles (5:11).

Si Gálatas no fue escrito hasta después del segundo viaje, Pablo prestó a sus oponentes algún motivo para esta acusación con la circuncisión de Timoteo. Ya que Timoteo era medio gentitl, los judaizantes podían señalar este ejemplo como la violación por parte de Pablo de sus propios principios. Hechos 16:3, dice que Pablo lo hizo como una concesión a los judíos de esta región de Listra e Iconio. El no pretendió obligar a los creyentes judíos a repudiar a la circuncisión, sino tan sólo afirmó que los creyentes gentiles no debían adoptarla.

Pablo contestó a las acusaciones con una inspirada negativa, apoyada por hechos históricos y biográficos contenidos en esta epístola. El argumento de Gálatas no es por tanto una mera disputa teológica, ni un baladí incidente de riña personal. En la disputa interna de las iglesias de Galacia se debatía la gran cuestión de la Libertad Cristiana de un modo absoluto. La vida espiritual espontánea, contra el legalismo; la salvación por las obras, en vez de la salvación por la Gracia; el ceremonialismo en vez de las actividades creativas de una fe sincera, eran los puntos principales de oposición que luchaba por obtener la supremacía.

Gálatas, como Pablo mismo lo indica, es la exposición del genuino evangelio de Cristo: Salvación por la fe, y por fe en El solamente.

La fecha de Gálatas

Otro problema relacionado con Gálatas es su fecha. Dos períodos históricos, en los cuales pudo ser escrita, se pueden suponer con un alto grado de probabilidad. La fecha más temprana es al final de su primer viaje misionero, ya que Pablo no había visitado antes Galacia en ningún sentido. Ahora bien: la fecha de su visita depende de si se adopta la teoría de la Galacia del Norte o la de la Galacia del Sur; pero en cualquier caso difícilmente podía ser antes del año 47. D. C.

La más posterior sería poco antes de su muerte. Pero ya que según parece estaba aún libre para viajar cuando escribió (19), se puede sacar la conclusión de que la epístola fue escrita antes de su detención y prisión en Jerusalén (Hechos 21:33). Puesto que su prisión acaeció cerca del año 58 D.C., parece natural que la redacción de Gálatas tuviera lugar en cualquier fecha del decenio comprendido entre ambas, arriba mencionadas.

En vista de que el estudio de todos los factores relativos a esta cuestión incluye detalles que deben ser tratados más extensamente en otros capítulos de esta obra, el problema de la fecha lo presentamos concisamente, más que exhaustivamente, en este lugar, y la evidencia que aparece claramente del conjunto de la carta se expresará al final.

Tres fechas definidas han sido propuestas para la redacción de Gálatas. La primera sitúa su composición a finales del primer viaje misionero de Pablo, justamente antes del Concilio de Jerusalén, que tuvo lugar cerca de los años 48 y 49 D.C. Los argumentos para la primera fecha son los siguientes:

1.° Las Iglesias a las cuales fue dirigida conocían

---

(19) Gál. 5:11. En este versículo, se sobreentiende que Pablo todavía está predicando, pues no menciona para nada su encarcelamiento. Aunque el argumento del silencio no es conclusivo, es muy probable que si realmente estuviera en la prisión, hubiera hecho alguna mención a ello como lo hizo en sus últimas epístolas. Véase Efe. 3:1; 4:1; Fil. 17:7, 12, 13, 17; Col. 4:3 y Filemón 1:8-10, 22.

a Bernabé y a Pedro, por lo menos por reputación (2:1, 9, 13; 2:9, 11). Esto podía probablemente ser cierto de las iglesias del Sur de Galacia, ya que Bernabé no fue con Pablo en el segundo y tercer viajes.

2.° Si el conflicto afectaba solamente las Iglesias del Sur de Galacia, y el cisma de estas Iglesias tuvo lugar después del Concilio de Jerusalén en el año 48 D.C., ¿por qué Pablo no resolvió el conflicto de un modo más fácil presentando los decretos del Concilio, como Hechos 16:4 dice que hizo en su segunda visita?

3.° ¿Cómo pudo haber ocurrido el episodio con Cefas, en Antioquía, después del Concilio? En el supuesto de la identidad de Pedro y Cefas, parece increíble que hubiera temido tanto la crítica del partido Judaizante como muestra el cap. 2:12, para un asunto ya resuelto públicamente. "Además —dice— hasta Bernabé fue llevado de ellos en su simulación" (2:13). Puesto que Pablo y Bernabé se separaron después del Concilio, el curso entero de los sucesos narrados en Gálatas 1:11 a 2:13 tienen que haber tenido lugar poco antes del referido Concilio.

4.° El lenguaje de 1:16 indica sorpresa por parte de Pablo de que su apartamiento del evangelio recibido hubiese venido tan pronto. El texto no dice si Pablo observó tal tendencia mientras estaba todavía en Galacia y había escrito la carta después de partir, o si la escribió a causa de noticias que le habían traído. Lo último parece más probable, porque en 3:1 dice: "¿Quién os fascinó?" como desconociendo a la persona o personas responsables del cisma. Si Pablo al decir "tan pronto" (1:16) se refiere al tiempo y no a la facilidad, con que cayeron en la apostasía después de su conversión, puede indicar que, justamente, volviendo de Antioquía antes del Concilio de Je-

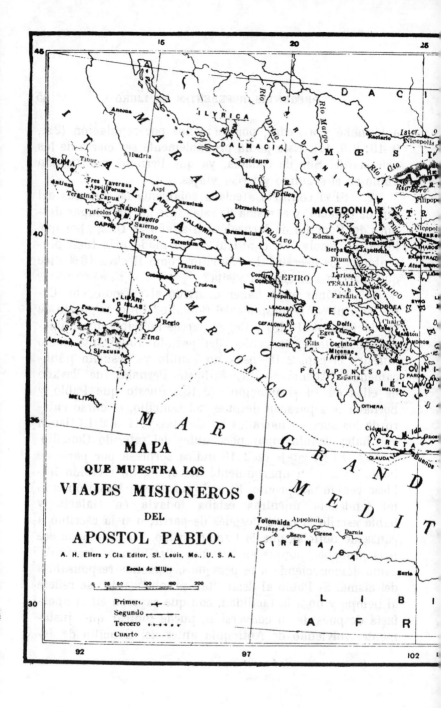

MAPA
QUE MUESTRA LOS
VIAJES MISIONEROS
DEL
APOSTOL PABLO.

A. H. Ellers y Cia Editor, St. Louis, Mo., U. S. A.

Escala de Millas

0   25   50   100   150   200

Primero
Segundo
Tercero
Cuarto

rusalén tuvo conocimiento del triste asunto, y escribió la carta para evitar su desvío hacia el legalismo.

5.° Una fecha temprana (20) sitúa esta controversia a la época en que el tema de la relación de los creyentes Gentiles con los preceptos de l ley Mosaica, era discutido en las Iglesias madres de Antioquía y Jerusalén. Al final del segundo viaje la cuestión estaba resuelta. Es verdad que Santiago levantó todavía una cuestión con Pablo concerniente a la actitud de los creyentes judíos, hacia el año 56 ó 58 D.C., pero la cuestión no era acerca de los principios de Pablo, con los cuales Santiago estaba evidentemente reconciliado, sino en cuanto a la práctica de tales principios, mal entendida por los creyentes judíos de la Diáspora.

Por lo tanto, si la carta a los Gálatas es fechada en el año 47 ó 48 D.C. resulta ciertamente lo siguiente:

1.° El total silencio de Pablo concerniente a los acuerdos del Concilio de Jerusalén puede explicarse fácilmente.

2.° La vivacidad de la narración contenida en los capítulos 1 y 2 es comprensible a causa de la novedad de los hechos descritos.

3.° Gálatas es la primera de las epístolas escritas por Pablo, y viene a ser una exposición polémica del principio que proclamó en su discurso de Hechos 13:38, 39.

"Séaos, pues, notorio, hermanos, que por éste os es anunciada remisión de pecados: Y de todo lo que por la

---

(20) La teoría de que Gálatas fue escrito en fecha temprana, es defendida por varios teólogos modernos. El Dr. B. Knox, facilitó una buena base para ello en su libro «La fecha de la Epístola a los Gálatas» (The Date of the Epistle to the Galatians», Evangelical Quarterly, XII (1941), 262-268.

ley de Moisés no pudisteis ser justificados, en este es justificado todo aquel que creyere".

Hay, a pesar de todo, ciertas objecciones a una fecha tan temprana como el año 48 D.C.

1.° En Gálatas 4:13, Pablo dice: "Vosotros sabéis que por flaqueza de mi carne os anuncie el evangelio al principio". La palabra "principio (21) estrictamente significa "primero", e implica la primera de las dos ocasiones. Se usa cuatro veces en los escritos paulinos y tres veces en el libro de Hebreos. En todos los demás ejemplos fuera de éste puede entenderse como "previamente" o "primeramente". Interpretando la frase de este modo, significaría la primera de las dos visitas, lo que implicaría que la carta a los Gálatas fue escrita después del segundo viaje.

2.° Una objeción más fuerte es la cronológica dada en Gálatas 1 y 2. Si las cifras de tiempo son sucesivas, y aun admitiendo la costumbre hebrea de contar fracciones de año como años enteros, el libro no pudo haberse escrito menos de quince años después de la conversión de Pablo, y es muy lógico que hubiera transcurrido este largo período de tiempo. A menos que Gálatas hubiese sido escrito inmediatamente después de la disputa con Pedro en Antioquía, habría escasamente tiempo, antes del año 48 D.C. para que ocurriesen todos los sucesos explicados en el texto. ¿Podían haber los judaizantes realizado su obra y llegado las noticias a Antioquía en tan poco tiempo?

3.° Un obstáculo importante a la fecha primitiva es la naturaleza de la interviu en Jerusalén. ¿Con qué suceso

(21) T. Zahn, en «Introduction to the New Testament) (tres volúmenes: Charles Scribner's Sons, Nueva York). Tom. I, pág. 196, 197.

del libro de Hechos debe sincronizarse? Si se refiere a la "visita del hambre" de Hechos 11:27-30, 12:25, no hay tiempo para el lapso de los años mencionados arriba; y si se puede identificar con una visita privada durante el Concilio de Hechos 15, ¿cómo podría Pablo decir "que era desconocido de las Iglesias de Judea que eran en Cristo"?. Según esta interpretación, la "visita del hambre" no se menciona en Gálatas.

Si la visita a Jerusalén mencionada en Gálatas 2, es idéntica con el Concilio de Jerusalén de Hechos 15, entonces la fecha media es preferible. Zhan propone una fecha entre el año 52 y el 54 D.C. (22).

Antes de terminar el año 52 D.C., Pablo se había establecido en Corinto por espacio de 18 meses (Hechos 18: 11), hasta el verano del año 54 D.C. Zhan sostiene que Gálatas fue escrito desde Corinto durante este tiempo, o durante la ausencia de Silas y Timoteo a Macedonia, o también después que hubieron vuelto de Macedonia con la carta a los Tesalonicenses. En su opinión la primera alternativa es preferible.

La fecha tardía para Gálatas es preferida por un gran número de eruditos. Obvia todas las dificultades cronológicas por tener tiempo más que suficiente para todos los sucesos narrados en Gálatas 1 y 2 entre la conversación de Pablo y la redacción de la Epístola.

Mientras las dos primeras fechas dependen de la aceptación de la teoría de la Galacia del Sur, la segunda es reconciliable con cualquier teoría acerca del lugar. Otro argumento dado frecuentemente para la fecha tardía es la semejanza de Gálatas con Romanos. A causa de su

---

(22)   Véase nota 21

afinidad literaria se supone que ambas debieron ser escritas en el mismo período. Por el contrario Moffat opina que: "La semejanza de Gálatas con romanos no indica nada en cuanto a su período de composición".

Probablemente ninguna fecha será nunca aceptada por todos los eruditos de un modo definitivo, ya que hay tantos factores en favor de cualquier teoría. El libro de Gálatas representa la esencia de la teología Paulina, y su contenido puede situarse desde el primer período de su predicación. Las epístolas de Pablo no son un conjunto de ideas surgidas inopinadamente en un momento de entusiasmo, sino la aplicación de los principios bien meditados que integran su experiencia espiritual. Las aplicaciones varían mucho en contenido y método, pero los principios permanecen siempre iguales. Gálatas y Romanos contienen la misma substancia teológica, a pesar de que el primero fue escrito como reacción a un debate, y el segundo como una producción literaria.

El lugar de redacción

No hay entre los eruditos, un mayor acuerdo sobre el lugar en que fue redactada la carta a los Gálatas, que la que hay sobre su fecha, y el mismo libro no contiene ningún argumento decisivo al respecto. Si Gálatas fue escrito en fecha tardía, hacia el año 57 D.C. habría sido compuesto, probablemente, durante la estancia de Pablo en Efeso, después de dejar Galacia (Hechos 18:23, 19:1, 10). Una aceptación de la fecha media hace posible la teoria de Bacon y Zhan (23), o sea, que fue escrito en Corinto.

_____

(23) Véase nota 21.

Sin embargo, si la fecha temprana es aceptada, Gálatas fue probablemente escrito desde Antioquía, justamente antes del Concilio de Jerusalén. Las alusiones a Antioquía en el cuerpo de la epístola parecen completamente naturales si se acepta que Pablo la escribió desde este lugar, y la brúsquedad con que terminó la narración histórica, al final del capítulo 2, puede explicarse fácilmente si estaba escribiendo de sucesos que estaban ocurriendo en el sitio donde se hallaba.

Como sumario puede decirse que, mientras la inspección crítica de Gálatas revela muchas inferencias contradictorias respecto a la fecha y lugar de su composición, su genuidad, unidad, y autenticidad permanecen inalterables. A pesar de algunas dificultades técnicas, nuestro estudio se inclina en favor de la idea de una producción temprana del libro, en Antioquía de Siria, aunque esta conclusión no puede darse como definitiva.

EL HOMBRE DETRAS DE GALATAS

Método Biográfico

CAPITULO III

EL HOMBRE DETRAS DE GALATAS

EL METODO BIOGRAFICO

Gálatas es un excelente ejemplo del principio: que la Verdad Cristiana no puede ser nunca disasociada de la persona que la está predicando. No solamente muestra el libro el natural acuerdo entre la vida de Pablo y su mensaje, sino que sus argumentos dependen de los valores experimentales que introduce en él ampliamente. Presenta su autobiografía como una defensa contra el cargo escandaloso de sus opositores de que era solamente un asalariado que estaba tratando de ganarse el favor popular, diluyendo los requerimientos de la justa ley de Dios en una fe aguada, sin requerimientos ni obligaciones de ninguna clase. Con ello ponían en tela de juicio, no tan sólo su carácter personal; sino también su autoridad. El evangelio que predica, declaraban los judaizantes, es de su propia invención, y por tanto un producto puramente humano. No tiene el peso de la ley, que es la Palabra que Dios habló en el Sinaí. ¿Por qué a este advenedizo judío de Tarso, dijeron, manifestamente desleal a la ley, y que no es tampoco del grupo de los doce apóstoles, debe dársele crédito aceptando su mensaje como autoritativo?

El estudio biográfico

Estudiando el material a mano en la sección biográfica de Gálatas, que comprende los capítulos 1:11 a 2:21, y algunas referencias dispersas en otras partes de la epístola, pueden seguirse dos líneas de narración histórica: la biográfica, o sea, un resumen de ciertos sucesos en la vida del apóstol Pablo, y el argumento biográfico, con el cual intenta responder a las calumnias de sus enemigos. Este método de estudio debe incluir: 1.° La reunión de todos los hechos biográficos que puedan hallarse en el texto del documento que se considera; 2.° La comparación con este documento de todos los datos obtenibles de otras fuentes; y 3.° El análisis cuidadoso e interpretación de estos hechos a la luz del tema principal del libro entero.

La biografía narrativa: (Pablo)

Las principales fuentes de conocimiento de la vida de Pablo son los datos ofrecidos por Lucas en el libro de "Los Hechos de los Apóstoles", sobre sus actividades persecutorias, su conversión, sus viajes y sus discursos, en los cuales aludió a sus primeros tiempos de perseguidor, y sus propias epístolas en las cuales hace ocasionales referencias a sus circunstancias, sentimientos y planes. La carta a los Gálatas aporta más información biográfica que cualquier otro de sus escritos. Por lo tanto su propio texto, suplementado con referencias de otras fuentes, provee el mejor fundamento para el argumento biográfico.

La primera etapa en la autobiografía de Pablo es su vida pasada en el Judaísmo (1:3) que no fue, como tantas religiones del mundo romano, un traje para días de fiesta. Por sus reglas legales y ceremoniales, el Judaísmo de Pablo dominaba cada momento y cada acto de su vida. Ser judío no significó para él tener una religión en su vida, sino vivir una vida que le hizo diferente a todos los demás hombres. Pablo era judío de nacimiento, aun cuando vivió en una ciudad gentil. En su epístola a los Filipenses, dice que "fue circuncidado el octavo día, del linaje de Israel, de la tribu de Benjamín, hebreo de Hebreos" (Fil. 3: 5). Tanto en Gálatas como en Filipenses su énfasis a las circunstancias de su nacimiento fueron ocasionadas por la acusación de que no era un verdadero judío. Respondió que llevaba las marcas de la circuncisión, el permanente símbolo externo de sumisión a la ley. No fue hijo de prosélitos judíos, sino que sus antepasados fueron judíos, y pertenecieron a Israel, término que Pablo usaba cuando quería referirse al privilegio espiritual de la nación (Rom. 2:28, 29; 9:6-9; 11:1), o cuando quería hacer énfasis en el carácter espiritual de su herencia material. Su referencia a Benjamín, era motivada, sin duda, por el natural orgullo de la reputación de valerosa que tenía esta tribu. A pesar de que era una de las más pequenas entre las doce tribus (Núm. 2:12, 23; 1 Sam. 9:21) y a pesar de haber sido repudiada y casi extirpada por las otras tribus, en el período de los Jueces (Jueces 20:12-48) fue restaurada posteriormente en sus derechos de un modo absoluto (Jueces 21). Saul, el primer rey de Israel cuyo nombre llevaba Pablo, fue un benjaminita (1 Sam. 9:21) y los benjaminitas dieron un buen crédito de sí mismos en la primera guerra del reino unido (1 Crónicas 8:40; 12:2). Refiriéndose a tal linaje Pablo recordó a sus enemigos que descendía de "sangre luchadora".

El dicho de Pablo de ser "hebreo de hebreos" (Fil. 3: 5) se refiere al tipo y a la atmósfera de su vida hogareña. A pesar de que era un nativo de Tarso, ciudad griega con su puerto cosmopolita y gran centro universitario, su familia no había sido helenizada. Evidentemente el padre de Pablo había retenido el uso de la lengua Aramea, la cual Pablo aprendió en su niñez y pudo hablar fluentemente; pues se dirigió en Arameo a los tumultuosos judíos que le habían atacado en Jerusalén, al retorno de su tercer viaje (Hechos 21:27-40). Muchos de los judíos de las dispersión, a pesar de tener plena conciencia de su descendencia judía y de haber retenido sus creencias hereditarias, habían adoptado el lenguaje griego y las maneras gentiles, del mismo modo que muchos de los judíos reformados del tiempo actual han adoptado las costumbres nacionales de donde residen, en lugar de mantenerse sujetos a las del Judaísmo. La analogía no es exacta, ya que el Judaísmo Reformado hoy en día es menos estricto en las observancias de la ley que los Judíos Helénicos del primer siglo. Entonces como ahora, había empero una amplia variedad de tipo personal en cuanto a rigidez en guardar la ley.

La principal diferencia entre los Helenistas y los Hebreos rígidos parece haber sido el idioma y las costumbres: ya que los Hebreos retuvieron el uso del hebreo o arameo en su culto y en su vida hogareña. El extenso uso de la versión Septuaginta de las Escrituras en el siglo segundo, es una buena prueba de que el judaísmo había sido helenizado rápidamente. Pablo, naturalmente, hablaba griego, y estaba familiarizado con el pensamiento y la literatura clásica, pero repudió la tácita acusación de que su mensaje era el producto de la influencia helenística. A causa de su primera educación debió todo su fondo mental y emocional al Pentateuco, más que a los filósofos. Fue primero y ante todo judío.

En cuanto a la interpretación de la ley, Pablo fue fariseo. Lo declarado en Filipenses concuerda exactamente con Gálatas 1:4, "Siendo mucho más celoso de todas las tradiciones de mis padres". El fariseísmo es hoy un sinónimo de pompa, hipocresía y austeridad religiosa. Cualquier sistema religioso que pide a sus seguidores una rigidez de conducta que trasciende el término medio de la perfección moral de la humanidad, corre el riesgo de tener adherentes que pretendan ser lo que no son, para causar una impresión favorable entre sus correligionarios. Sin duda alguna los fariseos eran una casta que merecía los dicterios que Jesús pronunció contra ellos. No obstante, poseían algunas virtudes recomendables. Hablando a sus discípulos, Jesús dijo: "Porque si vuestra justicia no fuera mayor que la de los escribas y fariseos, no entraréis en el Reino de los Cielos" (Mat. 5:20). Por tal declaración admitió que los fariseos tenían un grado de rectitud, a pesar de que la consideraba insuficiente para sus propios discípulos.

Los fariseos eran, de hecho, la piedra angular del Judaísmo, y los progenitores del moderno judío ortodoxo. Eran supernaturalistas, creyendo en las realidades espirituales y en la inmortalidad del alma, lo cual los más sofísticos y liberales saduceos rechazaban (Hechos 23:8). Los fariseos eran celosos estudiantes de la ley, vivamente interesados en cada nueva enseñanza que tuviera alguna relación con ella (Juan 1:19, 24; 3:1, 2; Mat. 22:34). Cuando Jesús pronunció su más enérgica repulsa contra ellos, admitió que hablaban verdad (Mat. 23:1-3), pero les conminó a obrar de acuerdo con sus conocimientos. Eran activos en su proselitismo (Mat. 23:15), meticulosos en su intento de evitar el mal y escrupulosos en su diezmo (23: 23; 23:16-22).

Pablo participó en el celo religioso de los fariseos, y sin duda habría merecido, en común con ellos, la alabanza de Jesús a la vez que su repulsa.

Recibió su educación en Jerusalén, en la escuela de Gamaliel, un rabí renombrado por sus conocimientos y por su actitud liberal hacia sus estudiantes (Hechos 22:3). La actitud de éste hacia los apóstoles, según la encontramos en Hechos 5:34-39, indica que no era un ciego partidista, antes tenía un loable respeto a la verdad y bastante buena voluntad para investigar la nueva situación antes de juzgarla. Permitió a sus discípulos leer literatura griega, y pareció tener un verdadero aprecio de lo mejor de la cultura gentil. Con todo, era un estricto judío, y la Mishna dice que: "Con la muerte de Gamaliel la reverencia por la ley cesó, y la pureza y la abstinencia murieron" (1).

De su maestro, Pablo puede haber adquirido un amplio conocimiento de las Escrituras y tradiciones hebreas, su conocimiento de los métodos rabínicos de interpretación, su aprecio de los poetas griegos, a quienes citó por lo menos en tres ocasiones (2). No pudo poseer la liberalidad de juicio de Gamaliel, ya que la juventud, por lo general, comparte el entusiasmo de los mayores hacia al-

_____

(1) *Sota* IX, 15, citado por G. Milligan en «Gamadiel» HDB II, 106 b.
(2) Hechos 17:28: Aratus Phaenomena 5; I Cor. 15:33: Menander *Thaiss* Tito 1:12; Epimenides *De Oraculis*.

guna causa sin tomar sus precauciones. Fue un alumno prominente, pues él mismo afirmó: "y aprovechaba en el Judaísmo sobre mucho de mis iguales en mi nación, siendo celador más que todos de las tradiciones de mis padres" (Gál. 1:14). Puede muy bien ser considerado como uno de los alumnos más brillantes del seminario de Gamaliel y como un posible sucesor de éste.

No puede dudarse de la sinceridad de Pablo en su oposición al Cristianismo en su juventud. Llegó al punto de hacer de sus actividades persecutorias su ocupación personal, pues obtuvo cartas de los príncipes de los sacerdotes para que pudiera arrestar a los cristianos en las ciudades fuera de Jerusalén (Hechos 9:2, 22:5, 26:10, 11). Sintió que era su deber "hacer muchas cosas contra el nombre de Jesús de Nazaret" (Hechos 26:9). Midió su celo como judío por el hecho de que había perseguido a la Iglesia, y añadió que había sido: "Cuanto a la justicia que es en la ley, de vida irreprochable" (Fil. 3:6). Su subsiguiente veredicto acerca de este período de su vida fue que: había actuado con "ignorancia en incredulidad", pero nunca admitió que había sido hipócrita. Por el contrario, cuando fue traído ante las autoridades en Jerusalén, para responder de los disturbios que habían causado en la ciudad, dijo: "Con toda buena conciencia he conversado delante de Dios hasta el día de hoy" (Hechos 23:1).

La conversión de Pablo, que fue el pivote de toda su carrera, es menos citada en Gálatas de lo que podría esperarse. No se da de ella ningún detalle como los que encontramos en el libro de los Hechos (Hechos 9:1-9, 22:5-11, 26:12-20). Sin embargo, incidentalmente, pone gran énfasis en este aspecto sobrenatural de su carrera: "Dios —dice— que me apartó... me llamó". El cambio com-

pleto en su vida lo atribuyó directamente a la intervención divina y lo explicó como resultado de la voluntad
predestinada de Dios de revelarle a su HIJO. Pablo no escogió arbitrariamente un nuevo sendero para sus actividades; su conversión no fue el resultado de una extravagancia repentina, ni la deliberada comprensión de una verdad previamente menospreciada, fue el resultado de una
nueva visión espiritual que solamente Dios podía darle (1:
2). Cuando Pablo habla del velo que cubre los corazones
de los Israelitas al leer el Antiguo Testamento (2 Cor. 3:
14, 15) debió haber tenido en mente su propia experiencia. En su vida Dios había tomado la iniciativa, y se había revelado a Pablo como lo hizo con Moisés en la zarza
ardiente (Exodo 3:2).

La intervención divina consistió en dos estados marcados por los verbos "separado" y "llamado". "Separado"
se refiere a la providencia de Dios en ordenar su carrera
desde su nacimiento. Implica que aun antes de nacer, su
destino había sido ya señalado, y que durante toda su vida anterior a su conversión Dios lo había estado prepa-
rando para su ministerio. Semejante modo de proceder divino, tiene un precedente en el Antiguo Testamento; porque en el caso de la elección de Jeremías, Dios le dijo:

"Antes que te formase en el vientre te conocí, y antes
que salieses de la matriz te santifiqué, te di por profeta a
las naciones" (Jeremías 1:5).

El término que Pablo usó para expresar esta separación para Dios aparece en otro pasaje de sus epístolas,
donde dice que él había sido "apartado para el evangelio
de Dios" (Rom. 1:1). Nótese aquí la gran importancia del
adverbio: separado "PARA" más bien que separado "DES-
DE". En Romanos se refiere a la realización de los pro-

pósitos de Dios, mientras que el mismo término en Gálatas 1:15 denota el principio de la ejecución de este propósito.

La palabra "llamado" y más aún "llamado para", indica un definido propósito de acción. Con anterioridad a la conversión de Pablo, Dios había estado guiando sus pasos desconocidos totalmente por él. En su conversión, Dios vino a ocupar el primer plano de su vida, y tomó el lugar en su conciencia y en sus propósitos. Desde entonces, Pablo, el estricto y engañado fariseo, vino a ser el apóstol de los Gentiles y el defensor de una libertad que trasciende a la ley.

La explicación de esta sorprendente transformación radica en el hecho de que su conversión fue una revelación de Cristo. En Gálatas trata de explicar el propósito de la experiencia: "Revelar a su Hijo en mí" (Gál. 1:16).

Las narraciones de los Hechos, dan énfasis al suceso. La voz que lo llamó en la ruta de Damasco dijo: "Saulo, Saulo, ¿por qué me persigues...? Yo soy Jesús, a quien tú persigues" (Hechos 9:4 y 5). La visión unió repentinamente en el corazón de Pablo los hechos históricos de la vida de Jesús, de quien Pablo había oído, y la fe en el Cristo resucitado que los primitivos creyentes habían manifestado. Notablemente Esteban. La luz que cegó a Pablo y la voz que oyó eran realidades objetivas que no pudo negar, y que fueron corroboradas por testigos competentes (Hechos 9:7, 22:9) (3). La consiguiente conversación entre Pa-

(3) La discrepancia de lo narrado en Hechos 9:7, que dice: «se pararon atónitos oyendo a la verdad la voz» y Heechos 22:9, donde «Mas no oyeron la voz», puede explicarse fácilmente si aceptamos que oyeron una voz, pero que les pareció un sonido inarticulado. A. T. Roberston «A Grammar of the New Testament in the Ligh of Historical Research.

blo y Cristo produjo un cambio en su vida que fue subjetivamente real, y que él recordaría como el suceso más
importante de su carrera. Algunas otras de sus epístolas
contienen alusiones a este suceso. "Dios —escribió— es
el que resplandeció en nuestros corazones para ilumina-
ción del conocimiento de la gloria de Cristo" (2 Corintios
4:6) (4).

Después de su conversión, Pablo se retiró de su vida
pública, y "me fui a la Arabia" dice. Concerniente a este
viaje el libro de Hechos no declara nada, y la duración de
la visita es incierta. Gálatas afirma que hubo un lapso
de tres años entre la conversión de Pablo y su vuelta a
Jerusalén, en cuyo tiempo está incluída la visita a Arabia, sin indicar que estuviera todo el tiempo allí. La narración de este período no es dada completamente por
Lucas; porque el libro de los Hechos refiere solamente su
ministerio en Damasco. La visita a Arabia tuvo lugar probablemente durante el intervalo entre su conversión y su
retorno a Jerusalén, a pesar de que no se menciona. Si
precedió a la predicación en las sinagogas, y por tanto
fue tan poco tiempo que Lucas pudo decir "inmediatamente" (Hechos 9:20) o tuvo lugar durante los "muchos
días" (9:23) previos a su partida de Damasco es incierto.
Tampoco se sabe lo que Pablo hizo en Arabia. La suposición más común es de que fue allí con el propósito de
tranquilizar su mente. Antes de su conversión había sido

Tercera edición. (George H. Doran. New York. 1919), p. 506. «Pero es
enteramente correcto apelar a la distinción de casos gramaticales en la
aparente contradicción entre *akouontes mentes phones* (Hechos 9:7 y
ten de phonem ouk ekousan» (22:9).

(4) Véase también 1 Corin. 9:1; 15:7-10, Efes. 3:1-8, Filip. 3:7-9.
1.ª Tim. 1:12-16.

un perfecto fariseo legalista. A su modo de pensar, Jesús
era, a lo mejor, un simple hombre, y a lo peor un impostor. Después de su conversión fue hecho un campeón de
la libertad gentil, y predicó a Jesús como "el Hijo de
Dios" (Hechos 9:20). Si Pablo hizo un cambio tan repentino del legalismo farisaico al Cristianismo, y de despreciar a Jesús como un impostor a darle culto como una
deidad, es evidente que tan asombroso cambio tenía que
ser el resultado de algún hecho innegable y de un largo
proceso mental. Un profundo pensador como Pablo no
podía cambiar su posición religiosa de la noche a la ma-
ñana sin haber considerado cuidadosamente las consecuencias de su decisión. De acuerdo con su propio testimonio fue enviado a una misión especial de gran responsabilidad cuando dejó Jerusalén; de acuerdo con la conducta de su vida entera estaba irrevocablemente convencido de la supremacía de Cristo cuando reapareció en Jerusalén predicando la fe que antes quería destruir. Algunas de sus ideas pudieron surgir en su mente durante los
días de ceguera en Damasco; pero un período de varios
meses de retiro en Arabia son, una explicación mucho
más adecuada para el tono concluyente de sus epístolas;
sin sombra de incertidumbre respecto a los dogmas de su
fe personal. Las cuestiones dogmáticas habían sido re-
sueltas de una vez para siempre. La relación de los sucesos que tuvieron lugar después de su conversión, tal como el libro de Gálatas bosqueja, se hallan de acuerdo con
la narración del libro de los Hechos. La visita a Jerusalén que tuvo lugar después de los tres años en Damasco
(1:18) corresponde con el relato de Hechos 9:26-29. La
mayoría de apóstoles habían dejado Jerusalén por este
tiempo, sin embargo, Cefas y Santiago, el hermano del

Señor se hallaban aún en la ciudad. Hechos dice que Bernabé presentó a Pablo a los apóstoles, pero no cita los nombres.

No hay ningún conflicto esencial entre Gálatas 1:19 y Hechos 9:27, ya que éste último no especifica cuáles apóstoles se hallaban presentes y cuáles estaban ausentes. La afirmación de que Pablo fue a Siria y a Cilicia, después de volver a Jerusalén, concuerda con Hechos 9:30 donde dice que partió de Tarso a una ciudad de Cilicia.

La estancia en Jerusalén fue breve pero significativa. Dio a los líderes una oportunidad de ver por sus propios ojos la transformación del antiguo perseguidor. Por este tiempo empezó su amistad con el judío chipriota Bernabé, con el que más tarde tuvo tanto fruto su ministerio unido en Antioquía. Allí también fue Pablo acometido por el antagonismo de los judíos helenistas que le persiguieron toda su vida, y que puede considerarse la base de todo el problema Galaico. Aparentemente no estuvo en Jerusalén el tiempo suficiente para crear una profunda impresión personal entre las iglesias de Judea (Gal. 1:22) pero recibió la aprobación de los apóstoles, y fue generalmente favorecido por los hermanos de Jerusalén.

Ni Lucas ni el mismo Pablo proveen detalles acerca de los años pasados en Cilicia. Probablemente hizo de Tarso su principal lugar de residencia porque allí es donde fue hallado por Bernabé, cuando éste le invitó a tomar parte en su ministerio en Antioquía (Hechos 11:25-26). Lucas dice que "fue por Cilicia y Siria, confirmando las Iglesias", a pesar que nada se dice anteriormente en los Hechos acerca de tales iglesias. Tampoco Pablo da detalles de ese período ya que su propósito no es dar una narración completa de la misma sino simplemente mostrar que había estado activo proclamando el mensaje que acababa de aceptar.

La narración de Gálatas 2:1-10 es uno de los enigmas históricos de la vida de Pablo. ¿A qué episodio se refiere? En esta sección biográfica refiere solamente dos visitas a Jerusalén: Una tres años después de su conversión, y otra con motivo de su conferencia con Cefas, Santiago y Juan. Los Hechos de los Apóstoles refieren tres visitas: 1.* A su vuelta de Damasco, poco después de su conversión, según se menciona en Hechos 9:26-30. 2.* La "visita del hambre" de 11:27-30 y 12:25. 3.* Con motivo del Concilio de Jerusalén, que tuvo lugar después del primer viaje misionero.

La primera de éstas puede ser identificada con la inmediata a su conversión. El problema es si la segunda visita de Gálatas debe identificarse con la segunda o con la tercera de Hechos.

Si la segunda visita referida en Gálatas se considera idéntica con la "visita del hambre", Pablo deja de señalar la ofrenda que la iglesia de Antioquía envió a la de Jerusalén; y recíprocamente Lucas omitió cualquier referencia a la cuestión que, de acuerdo con Gálatas, fue el motivo real de la visita. ¿Cómo puede ponerse de acuerdo la frase de Pablo "empero fui por revelación" (2:2) con la declaración de Hechos, de que él y Bernabé fueron enviados por la Iglesia de Antioquía como comisión benéfica? (Hechos 19:29-30). Además, aún cuando el hambre tuvo lugar "en los días de Claudio" (Hechos 11:28) se extendió desde el año 41 al 54 D.C. Josefo fue más explícito al decir que hubo un hambre muy severa en Palestina entre los años 44 y 48 bajo el gobierno de los procuradores Cuspio, Fadus y Tiberio Alejandro (5).

Pensando en una fecha intermedia como la más probable, según estos datos históricos, la "visita del hambre" traería a Pablo a Jerusalén por allá el año 46 D.C. De acuerdo con el relato de Gálatas (1:18; 2:1) hubo un intervalo de tres años entre la conversión de Pablo y su primera visita a Jerusalén, y otro intervalo de 14 años entre su primera visita y la conferencia con los apóstoles que refiere en el capítulo segundo. Si, como parece probable, estas dos intervius fueron sucesivas, diecisiete años completos después de su conversión harían el año 46 D.C. una fecha algo temprana para los sucesos de Gálatas 2. Aceptando el antiguo método de calcular parte de un año como un año entero puede reducirse el tiempo de diecisiete años a quince. La conversión de Pablo tendría que haber tenido lugar en el año 31 D.C., fecha que escasamente da tiempo para el crecimiento de la Iglesia descrito en los siete primeros capítulos de Hechos. El libro de los Hechos da poca información para poder dar las fechas exactas de las crisis de la iglesia Apostólica.

A causa de la dificultad cronológica que envuelve la identificación de la conferencia de Gálatas 2:1-10 con la visita del hambre de Hechos 11:29, 30, muchos expositores han escogido hacer de ella un aspecto privado del Concilio descrito en Hechos 15:1-31. Algunos factores parecen favorecer este punto de vista. La cuestión discutida en la interviu privada "el evangelio que predico entre los Gentiles" (Gál. 2:2) presupone que Pablo había estado

---

(5) Josephus: *Antiquities*, iii, 15, 3; xx, 2, 5 y 5, 2. Véase también Jorge H. Allen, «Procurador», en *International Standard Bible Encyclopaedia*, IV, 2457b, 2458.

ejerciendo ya un ministerio entre los Gentiles, lo que con-
cordaría con la predicación de su primer viaje por la Galacia del Sur (Hechos 13:14). Además, la frase "este Evangelio" está estrechamente relacionada con el asunto de la
circuncisión, que promovió el Concilio. Gálatas dice que
la interviu fue necesaria, a causa de los "falsos hermanos" (Gál. 2:4) que procuraron poner la Iglesia bajo servidumbre. El libro de los Hechos nos muestra que el Concilio fue convocado a causa de "algunos que venían de
Judea y enseñaban a los hermanos: "Si no os circunci-
dáis conforme al rito de Moisés no podéis ser salvos" (Hechos 15:1). Santiago y Pedro son mencionados, tanto en
Gálatas 2, como en Hechos 15; por el contrario no se
mencionan en Hechos 11, a menos que se les considere
incluídos en la expresión: "Los ancianos" (Hechos 11:30).
La conclusión es que Gálatas nos ofrece una visión del
aspecto privado del Concilio, mientras que Hechos describe los detalles públicos y la acción oficial.

La principal objeción de esta identificación de la segunda visita de Gálatas con el Concilio de Jerusalén, es la
intención evidente de Pablo de catalogar todos los contactos con la Iglesia de Jerusalén para poder probar, a satisfacción de los Gálatas, su independencia del control
apostólico. Su declaración de 1:20: "Y en esto que os es-
cribo, he aquí delante de Dios no miento", parece indicar
que se propone dar un relato exacto y completo. Si la visita del hambre no fue mencionada en Gálatas, semejante omisión es difícil de justificar ante tal énfasis. Además
si Pablo se refiere al Concilio en su relato del cap. 2:1-10:
¿por qué no habría dicho nada acerca de la decisión oficial tan pertinente y oportuna para el problema que estaba ventilando?

Probablemente la controversia sobre estos puntos nunca se resolverá de un modo plenamente satisfactorio. Cada argumento incidental de una parte puede ser combatido por otro contrario, de igual valor. La identificación de la conferencia privada de Gálatas 2:1-10 con la "visita del hambre" podría aceptarse en cambio por las siguientes razones:

1.* La cronología, a pesar de ser dudosa, es posible.

2.* La insistencia de Pablo de que había catalogado exactamente sus viajes a Jerusalén sería indigna si deliberadamente omitió toda referencia a la "visita del hambre".

3.* La frase "por revelación" (Gál. 2:2) puede referirse a la profecía de Agabo (Hechos 11:28) que fue la que motivó "la visita del hambre".

4.* La conferencia privada requiere otra ocasión que la del Concilio, cuyos planes fueron hechos ante toda la iglesia de Antioquía (Hechos 15:2, 3). ¿Por qué Pablo habría necesitado una conferencia privada si todo el asunto había sido ya objeto de controversia pública?

5.* Si Pablo había estado ya llevando a cabo una extensa misión entre los Gentiles, como la que se relata en Hechos 13 y 14, su consulta con los apóstoles y el hecho de traer a Tito como ejemplar de muestra de los Gentiles convertidos, habría estado fuera de lugar. Significaría discutir la conveniencia o no conveniencia de una cosa que ya habría sido cumplida.

6.* La vacilación de Cefas en Antioquía entre la actitud liberal de comer con los Gentiles convertidos y evitar su compañía cuando vinieron "ciertos hermanos de parte de Santiago" (Gál. 2:11-14) es más comprensible si sucedió antes del Concilio que si ocurrió después. Si no había sido aun publicada ninguna decisión respecto a la situación de los Gentiles convertidos, la incertidumbre de Cefas es explicable, sea o no censurable. La frase "mas cuando Cefas vino a Antioquía" (2:11) parece dar a entender que había tenido lugar un cambio de impresiones entre Cefas y Pablo, en la cual el primero había tomado una actitud con la que fue consecuente por algún tiempo, pero no después.

7.ª Sobre las bases del acuerdo privado de Pedro, Santiago y Pablo en el tiempo de la "visita del hambre" (Gál. 2-6-10) Bernabé y Pablo habrían podido empezar su misión. La controversia pública de Hechos 15 se levantó cuando su éxito fue conocido y el grupo judaizante en la Iglesia de Jerusalén pudo darse cuenta de sus consecuencias.

8.ª La actitud de Pedro en Hechos 15 y su declaración citada por Lucas de que la ley es "un yugo sobre los discípulos que nuestros padres no pudieron soportar" puede bien comprenderse si el acuerdo con Pablo de Gálatas 2 había tenido ya lugar. Pero si Gálatas 2, sigue en orden a Hechos 15, la actitud de Pedro es muy difícil de explicar.

9.ª Según las mejores evidencias cronológicas, entre la segunda y la tercera visita a Jerusalén, no transcurrieron más que tres o cuatro años. La controversia acerca de la ley que se levantó en las iglesias de Palestina sería considerablemente aumentada por los informes de la ya muy extensa obra de conversión de gentiles que Pablo trajo de su primer viaje por Galacia, puesto que el partido judaizante de la iglesia no había sabido nada de los acuerdos privados entre Pablo y los dirigentes de la Iglesia de Jerusalén.

10.* No hay teoría sin fallas u omisiones. Sin embargo, la omisión de Pablo de mencionar en su narración sus tres visitas a Jerusalén, puede explicarse pronto si el Concilio de Jerusalén no tuvo lugar antes de la fecha de Gálatas. Por el otro lado, la omisión por parte de Lucas de la conferencia privada en su narración de la "visita del hambre" en el libro de los Hechos, puede atribuirse al hecho de que él estaba principalmente interesado en lo que la Iglesia y sus líderes hacían públicamente, no en lo de carácter privado. El no pretendió componer un relato completo y detallado de todas las actividades internas de la Iglesia Apostólica, mientras que en Gálatas, Pablo vahementemente insistió en que estaba contando todo lo sucedido hasta la fecha relacionada con el asunto que iba a discutir.

Si a pesar de todo quiere juntarse la visita referida en Gálatas con el Concilio de Jerusalén, la omisión de Pablo de la "visita del hambre" y la omisión de Lucas del aspecto privado del Concilio deben explicarse de alguna forma. ¿Por qué entonces Pablo habría pasado por alto deliberadamente la "visita del hambre", si su deseo era dar cuenta de sus relaciones con la iglesia de Judea, quitando toda sospecha de sujeción y el motivo caritativo del hambre era una razón bien plausible a tal efecto? Y ¿por qué Lucas habría omitido el dato del acuerdo entre Pablo y las "columnas" (Gálatas 2:9) si este acuerdo tenía tanto que ver con la historia que estaba refiriendo y apoyaba el derecho de los gentiles en la Iglesia? Si la explicación más fácil es guía del buen criterio en toda elección, la primera alternativa parece más plausible.

11.* El intervalo entre el final del primer viaje y el Concilio (Hechos 14:28) fue posiblemente bastante largo para dar lugar a alguna relación entre los sucesos referidos en la epístola a los Gálatas y los referidos en los Hechos. La disensión en Antioquía con "ciertos hombres que vinieron de Judea", puede coincidir con los "ciertos de Santiago" mencionados en Gálatas 2:12. Pero aun cuando la discusión con Cefas fuera anterior al primer viaje, la precedente hipótesis encaja mejor con las condiciones de la Iglesia antes del Concilio que la hipótesis del acuerdo durante el Concilio.

La controversia con Cefas reveló dos aspectos del carácter de Pablo: su buena disposición para aceptar la responsabilidad de dirigentes en un tiempo de controversia e incertidumbre, y su personal repudio de cualquier clase de componendas. Es digno de notarse que fue Pablo y no Bernabé quien tomó la delantera en protestar de la vacilación de Cefas. Bernabé era una persona más condescendiente que Pablo, y en el caso de Juan Marcos (Hechos 15: 36-40) su confianza fue justificada al fin. En uno y otro caso Pablo ajustó sus discusiones a las circunstancias del momento. No quiso arriesgar el futuro de un movimiento importante sobre la probabilidad de un futuro cambio. Su repulsa de Cefas muestra su arrojo y la consistencia de su pensamiento. Si este episodio precedió al Concilio, puede marcar el principio de una brecha entre Pablo y Bernabé que terminaría con su separación después. Quizá Pablo encontró que el juicio de Bernabé era tan poco digno de confianza como el carácter de Juan Marcos.

Hasta este punto los datos biográficos se han referido principalmente a los actos de la vida de Pablo. El diálogo con Cefas, referido en Gálatas 2:14 termina con un monólogo en el cual Pablo expone a los Gálatas el carácter interno de su fe. La verdadera biografía debe tomar también en cuenta la tendencia oculta de los sentimientos y del corazón que raras veces se declara abiertamente, pero no son las fuerzas motivantes detrás de la vida exterior. Gálatas 2:19-21 puede ser la conclusión de lo que Pablo dijo a Cefas, o puede ser su mensaje editorial a los Gálatas. En cualquier caso expresó con vehemente elocuencia la más profunda experiencia espiritual de su vida, de la cual fluyó toda su teología: "Con Cristo estoy juntamente crucificado, y vivo no ya yo, mas Cristo vive en mí: y lo que ahora vivo en la carne, lo vivo en la fe del Hijo de Dios el cual me amó y se entregó a sí mismo por mí".

El significado de esta declaración requeriría todo un libro para comentarlo debidamente. Basta señalar aquí que Pablo se estaba refiriendo a una experiencia culminante del pasado (6) que cambió por entero el curso de su vida, haciendo de Cristo una realidad. La fe era para él, no solamente la aceptación de un hecho histórico, sino un contacto constante con una persona viviente. Este concepto fundamental de su fe se halla latente en la frase con que comienza la epístola "por Cristo Jesús y Dios el Padre, que lo levantó de los muertos" y persiste en la conclusión, cuando habla de llevar en su cuerpo las marcas de Cristo (6:17).

Alusiones dispersas, de importancia biográfica, se pueden encontrar fuera de la sección que acabamos de comentar. En 3:1, Pablo habla del estilo de su predicación, sugiriendo que era tan vívido como un cuadro puesto de-

---

(6) Griego: «sunestauromai». Esta expresión en su significado completo, se refiere, no solamente a su experiencia presente, sino también al suceso pasado que la determinó.

lante de los ojos de los Gálatas (7). En 4:12-20 mencionó
su primera visita. Evidentemente, había sido retenido entre ellos por enfermedad, o se había visto obligado a abandonar un proyecto de viaje para permanecer entre ellos,
porque dice: "Vosotros sabéis que por flaqueza de la carne os anuncié el Evangelio al principio" (4:13). No se
declara la naturaleza de la enfermedad, pero una frase figurada de los próximos versículos parece dar la idea de
que Pablo sufrió alguna dolencia ocular. La expresión
"grandes letras" (6:11) ha sido interpretada algunas veces como una evidencia de que su vista estaba dañada:
pero parece más lógico pensar que usó el término "grandes letras", como un énfasis de sus sentimientos personales. Fuere lo que fuere, su enfermedad, evocó la simpatía
de los Gálatas, quienes lo recibieron "como ángel de Dios"
(4:14). No lo juzgaron con desprecio, a pesar de que lógicamente podían hacerlo. La dolencia descrita de un modo tan impreciso fue probablemente el "aguijon de la
carne" de II Corintios 12, que resultó ser tan dolorosa y
embarazosa en su ministerio que pidió a Dios se lo qui-
tara (8).

Una referencia curiosa aparece en 5:11, donde dice:
"Y yo, hermanos, si aun predico la circuncisión ¿por qué
padezco persecución todavía? Es obvio del carácter general de Gálatas, con todas las acusaciones en su contra,

(7) Griego: *prographo*. Véase The Vocabulary of the Greek New
Testament, por J. H. Moulton & G. Milligan. (Editado por Wm. B.
Eerdmans Publishing Co., 1949), pág. 538.
(8) Ramsay, en su libro «A Historical Comentary of St. Paul's
Epistle to the Galatians», pp. 422-428, sugiere que la enfermedad de Pa-
blo era una fiebre intermitente acompañada de fuertes dolores de cabeza.
Ramsay rechaza la teoría de la epilepsia. Para mayor información, véase
Hayes, pp. 38-46. Hayes favorece la teoría de oftalmía aguda.

que Pablo no había predicado la circuncisión, antes al contrario. La objección de los judaizantes fue precisamente porque no la requirió cuando ellos pensaban que debía ser obligatoria. Esta cita parece demostrar, o bien que había predicado la circuncisión, o al menos que otros pensaron que la estaba predicando. ¿Qué fundamento cabe haber para semejante suposición? Si la carta a los Gálatas fue escrita después del tercer viaje, es muy posible que la circuncisión de Timoteo sería conocida entre las iglesias Galaicas, y que algunos acusarían a Pablo de inconsistencia por tal motivo. Si Gálatas fue escrito más tempranamente, la referencia puede indicar que él no veía ningún obstáculo en la circuncisión de los creyentes judíos, aunque protestaba de la circunscisión obligatoria de los creyentes gentiles. En cualquier caso, Pablo alegó que la oposición que estaba sufriendo era evidencia de que no había cambiado su actitud esencial sobre la circuncisión de los gentiles, de otro modo la oposición habría cesado.

El Argumento Biográfico
PABLO

Los datos biográficos en Gálatas no fueron escritos por Pablo con el propósito de narrar hechos interesantes de sí mismo, sino como una justificación de la actitud que había tomado en cuanto a la relación de la ley con el Evangelio. Quiso demostrar a los Gálatas que su mensaje no era una posición adoptada tan sólo para simplificar el Evangelio o por un deseo de distinguirse, sino que procedía de una intervención divina en su propia vida. Su celo

en favor de su propio mensaje no era un fanatismo, porque en el anatema contra aquellos que pervertieron el
evangelio se incluyó a sí mismo, y aún a los propios ángeles del cielo, si se apartaran de la verdad revelada (Gál.
1:8). Estaba plenamente convencido de la verdad esencial del Evangelio de Cristo, y estaba dispuesto a defender
su verdad y pureza a todo riesgo.

La autobiografía narrativa señala, en primer lugar,
que él no había abrazado la causa del Evangelio a causa
de ninguna inclinación natural. Todo en su educación, y
en sus intereses personales estaba centrado en la ley, y
no había ninguna razón lógica para abandonarla. Todos
sus familiares estaban bajo la ley: sus instructores le habían predispuesto en favor de la ley, y él estaba avanzan-
do en su carrera con tal rapidez que cualquier cambio
repentino de fe sería perjudicial para su prestigio escolar
y su prominencia social entre la sociedad judía. No tenía
absolutamente nada que ganar, pero sí mucho que perder,
si se hacía cristiano.

En *segundo lugar*: El cambio brusco de su fe fue el
resultado directo de la intervención divina. A pesar de que
Pablo no relata en Gálatas los detalles de su conversión,
su declaración de que "Dios... me llamó por su gracia"
(1:15) implica que atribuía su experiencia a un acto objetivo de Dios. Dijo que su Evangelio le fue dado "por
revelación de Jesucristo" (1:12). Una revelación trascen-
dente del Cristo viviente se hizo tan patente ante su conciencia que le dio una nueva visión de todo lo que existía
es su vida.

En *tercer lugar*, su mensaje no se originó de nuevos
contactos o amistades. Pues dice: "Ni yo lo recibí ni lo
aprendí de hombre". En cuanto a su conversión declara

en 1:12: "No conferí con carne ni sangre" (1:16). No to-mó consejo inmediato de los apóstoles en Jerusalén, que habían sido instruídos por Jesús y que podían haberle dicho mucho de la vida del Redentor, sino que se retiró a Arabia donde estuvo sólo con sus pensamientos. Aún cuando visitó Jerusalén, vio solamente unas pocas personas del grupo apostólico, ni tampoco entró en contacto con las iglesias de Judea, donde la tradición del Evangelio estaba ya establecida. El mensaje que daba de Jesucristo estaba formado cuando empezó su ministerio público e inició sus relaciones oficiales con los primeros apóstoles.

Sin embargo Pablo no quería mostrar una independencia que le convirtiera en iniciador de una herejía o cisma. Después de catorce años de ministerio volvió a Jerusalén en compañía de Bernabé, que había sido su primer apoyo entre los cristianos después de su conversión (Hechos 9:27), y con Tito que era uno de los gentiles convertidos por su labor (Gál. 2:3). Los líderes apostólicos Jaime, Cefas y Juan fueron bastante bien impresionados por la narración de Pablo acerca de sí mismo y de su ministerio, hasta el punto de darles a él y Bernabé la mano de compañerismo y amistad, y para reconocer la diferencia de sus respectivos ministerios a juaíos y gentiles. Pablo repudió la sugerencia de que era solamente un eco de los apóstoles, pero puso en claro que él y ellos se hallaban de acuerdo en la substancia de su mensaje, aun cuando dividieron el campo de labor entre sí.

El aparente desacuerdo entre Pablo y los apóstoles resurge sobre una cuestión de inconsistencia en comportamiento más que en teología. Pablo quiso demostrar a los Gálatas que su conducta había sido completamente consistente sobre la cuestión gentil, mientras que la actitud de los viejos apóstoles y líderes no había sido consistente con sus propias convicciones. Si las actitudes de aquellos habían sido citadas como argumento por los judaizantes, Pablo demuestra que eran irregulares y poco dignas, mientras que su comportamiento en cuanto a la libertad de los gentiles, había sido la misma durante todo su ministerio.

Su posición estaba basada, pues, en su propia experiencia de Cristo. Con Cristo había muerto a la ley, se había unido con Cristo para vida y para muerte y había emergido a una vida de fe en el Hijo de Dios que justificó a los pecadores y que entró en el alma personal de Pablo (Gál. 2:20). El argumento autobiográfico era adecuado para mostrar la validez histórica del mensaje de Pablo con respecto a su propia experiencia y a la vida experimental de la cristiandad de sus días.

Otros hombres se mencionan, además de Pablo, en el libro de los Gálatas y su carrera tiene también alguna importancia en relación con la interpretación del libro. Ninguno de ellos tiene una parte tan esencial en el mensaje y argumento del libro como el propio Pablo, sin embargo merecen algún comentario.

CEFAS

Cefas estuvo con Pablo en Antioquía en el tiempo cuando los convertidos gentiles eran jóvenes en la fe y susceptibles de ser inducidos e influenciados en cualquier dirección. Cefas había ido a Antioquía durante el ministerio de Pablo que puede ser fechado con anterioridad al año 47 D. de C. Era uno de los líderes de la Iglesia de Jerusalén, indudablemente el conocido apóstol Pedro (9). Su campo usual de labor fue "la circuncisión" (2:9) o sea los judíos, pero parece haber tomado en Antioquía una actitud más liberal hacia los Gentiles que la que habría tomado en Jerusalén, ya que comía con ellos (2:12). Ningún judío ortodoxo comería con los gentiles ya que tal compañerismo era considerado como inmundo. Sin embargo, recordando su propia experiencia en casa de Cornelio, Pedro debía entender que después de todo no estaba traspasando el mandamiento de Dios por semejante acción.

El cambio de actitud de Pedro fue sin duda motivado por compromiso más que por convicción. Cuando los estrictos hermanos judíos de Jerusalén bajaron a Antioquía se apartó de los gentiles. La inconsistencia de su acción provocó la ira de Pablo. Si Pedro, como judío podía comer con los gentiles en una ocasión, ¿por qué no en otra? Mucho menos debía hacerlo como una concesión al bando rígido que insistía en la circuncisión de los Gentiles. Al hacerlo así declaraba que no quería estar en comunión con los gentiles a menos que se hicieran prosélitos judaicos, como si ello fuera indispensable para hacer válido su cristianismo.

Semejante inconsistencia no es extraña en el carácter de Pedro. Notemos que en la última reunión en el Aposento Alto, primero habían rehusado que Jesus le lavase

_____

(9) Véase Juan 1:42. «Tú eres Simón, hijo de Jonás: tú serás llamado Cephas, que quiere decir «Piedra». La fecha relativamente tardía del cuarto evangelio, indica que este título de Pedro estaría en uso en la Iglesia. La causa por la cual este vocablo Arameo, sería usado entre gentiles como los Gálatas, que probablemente conocían a Pedro por su reputación, no es fácil de explicar. Quizás Pablo estaba todavía pensando en términos arameos, si Gálatas fue escrito en fecha temprana.

los pies, y después ante la protesta de éste le dijo: "Señor, no solamente los pies sino también las manos y la cabeza" (Juan 13:9). Se había pavoneado abiertamente de que nunca negaría al Señor y fue el primero que le negó (Lucas 22:33, 34, 54, 62; Juan 13:37-38, 25-27). La acción estaba completamente en concordancia con el carácter impetuoso de este apóstol.

Pablo trata de Pedro en Gálatas, muy brevemente, pero lo representó como un líder de la Iglesia y compañero en el ministerio de Cristo. No hay ninguna indicación de si quedó alguna hostilidad entre ellos; ni tampoco de si se juzgaron inferiores mutuamente. Parece haber habido un acuerdo tácito en el contenido teológico de sus mensajes. La disputa de Pablo con Pedro no se fundaba en ninguna diferencia esencial en cuanto a su Cristología, ni tampoco en un desacuerdo sobre si los gentiles deberían ser salvados por fe. Pablo protestó solamente de la conducta irregular de Pedro, basada tan sólo en una conveniencia social.

BERNABE

Bernabé es mencionado dos veces en Gálatas como amigo y asociado de Pablo. Estaban juntos en Jerusalén en la visita descrita en 2:1-10 y también en Antioquía cuando Cefas fue allí (Gál. 2:13). Bernabé fue uno de los primeros convertidos de la Iglesia Primitiva. Era judío de Chipre, de descendencia Levita y persona de buena posición (Hechos 4:36). Aparentemente era uno de los convertidos cuando Pedro y Juan trabajaban en Jerusalen y había estado asociado con los apóstoles en días anteriores a la muerte de Herodes. Poseía una naturaleza amigable

y generosa. Sacrificó sus bienes en favor de los pobres
(Hechos 4:37) y arriesgó su reputación en la iglesia ayu-
dando a Pablo en Tarso, poco después de su conversión,
cuando aun era sospechoso como enemigo de la Iglesia.
(Hechos 9:27). Bernabé, además de cualquier otro, había
sido el instrumento responsable para el desenvolvimiento
de la Iglesia gentil de Antioquía y el que atrajo a Pablo
a esta labor (Hechos 11:22, 25, 26). Los dos habían trabajado muy de acuerdo y tenido un grande éxito edificando
aquella fuerte Iglesia. Había sido el primero en levantar
ayuda para la empobrecida y perseguida iglesia de Jerusalén.

Sin embargo, en Gálatas 2:13, Pablo indica que Bernabé no actuó con completa consistencia en la crisis que
tuvo lugar en Antioquía. Con todo, la actitud de Bernabé
es comprensible, si no perdonable. Había sido enviado a
Antioquía por la Iglesia de Jerusalén y había tratado de
mantener relaciones cordiales con ella. Había socorrido a
sus pobres, y contribuído a sus necesidades. Al venir sus
delegados a Antioquía él trato de evitar herir sus sentimientos, no blasonando ante ellos de la libertad de los
gentiles; por lo tanto se retiró de la comunión gentil mientras estuvieron en la ciudad. La censura de Pablo hacia
Bernabé estaba sin duda justificada, pero nos pregunta-
mos si Pablo comprendió completamente en este caso los
motivos de Bernabé, o si la brecha que finalmente los separó pudo haber empezado en este punto.

La narración de Gálatas no dice si este episodio en
Antioquía ocurrió antes o después de su primer viaje misionero: De hecho Gálatas no menciona detalladamente
los viajes misioneros. Muy probablemente el desacuerdo
tuvo lugar después del primer viaje al Asia Menor: por-

que el interés de Pablo por los Gentiles y su prestigio en
los círculos apostólicos eran probablemente efectos de su
ministerio. La falta de Pedro y Bernabé parece, con todo,
haber sido sólo temporal: porque ambos se mostraron
partidarios de la libertad de los gentiles en el Concilio de
Jerusalén (Hechos 15:7-12) y estuvieron de acuerdo con
Pablo en sus debates; ya que el Concilio de Jerusalén dio
como resultado que los Gentiles quedaran exentos de ciertos requerimientos de.la ley. Bernabé tuvo placer en acompañar a Pablo trayendo a las iglesias los resultados del
Concilio (Hechos 15:25) y en el cumplimiento de esta misión estuvo algún tiempo más con Pablo en la Iglesia de
Antioquía (Hechos 15:35).

El propósito de Pablo de visitar otra vez las iglesias
que había fundado en su primer viaje, precipitó la crisis.
Bernabé quería (10) tomar a su pariente Marcos con ellos.
Pablo, obstinadamente, insistió en que no debería ir porque les había abandonado en su primer viaje. En un sentido, ambos estaban en lo cierto. La importancia y peligro
de la misión desaconsejaba la inclusión de un hombre
con tan dudoso precedente como el de Marcos. Por otro
lado, Bernabé probablemente, comprendía a Marcos mejor que Pablo, y había estimado correctamente que su
arrepentimiento era genuino. El desacuerdo terminó con
una separación. Pablo se fue hacia el Asia Menor y Bernabé a Chipre. Desde este momento, Bernabé desaparece
del relato de Hechos (Hechos 15:38-40). La referencia a
Bernabé en 1 Corintios 9:6 escrita en el último período
de la carrera de Pablo indica su conocimiento de que

---

(10) Griego «ebouleto». Tiempo imperfecto, que significa intención
corriente.

Bernabé estaba predicando aun, y estaban en relaciones amistosas.

SANTIAGO

El Santiago mencionado en Gálatas (2:9, 12) era indudablemente el hermano del Señor, que vino a ser un líder de la Iglesia en Jerusalén después del milagro de la liberación de Pedro de la cárcel y su subsecuente partida de la ciudad (Hechos 12:17). Santiago, el hermano de Juan e hijo de Zebedeo, había sido muerto por Herodes, aproximadamente en el mismo tiempo que Pablo y Bernabé fueron a Jerusalén en la "visita del hambre" (Hechos 12: 1, 2). El Santiago que actuó en el Concilio de Jerusalén, el cual tuvo lugar varios años más tarde que la "visita del hambre", tiene que ser el segundo Santiago, o sea el hermano del Señor, cuya influencia era notoria en aquella ciudad (Hechos 15:13). Evidentemente, se inclina del lado de la interpretación estricta de la ley, porque tanto en el Concilio de Jerusalén (Hechos 15:13) como en la visita de Pablo diez años más tarde, después de su tercer viaje (Hechos 21:18-26), fue un defensor de la posición judeo-cristiana, que combinaba la fe en Cristo con el celo por la ley.

La alusión en Gálatas 2:12 confirma lo que se vislumbra en el libro de los Hechos: que Santiago fue el líder de los defensores de la circuncisión en Jerusalén. Santiago puede no haber sido el responsable directo del grupo de judaizantes que fueron a Galacia. Posiblemente ellos habían exagerado su actitud en el legalismo y su hostilidad hacia Pablo de una forma que Santiago no hubiera permitido. Con todo era el patrón del partido judaizante, pues el temor a aquellos que "vinieron de Santiago", produjo el repentino cambio de actitud de Pedro en Antioquía.

Había, por tanto en la Iglesia Primitiva una diferencia de énfasis entre los mismos jefes. Esta diferencia no llegó a un rompimiento porque Santiago mismo propuso en el Concilio de Jerusalén las reglas que libertaron a los gentiles de la observancia total de las ceremonias de la ley, y su proposición fue aceptada por Pablo y Bernabé. Es posible que hombres que tenían el punto de vista de Santiago, pero no su discreción, produjeran la tensión en Antioquía que se describe en Gálatas, y fueron los agitadores cuya actividad motivó el Concilio de Jerusalén (Hechos 15:1, 2).

TITO *fue un gentil pastor o ministro de Creta*

Tito, que más tarde fue uno de los asociados de Pablo en su ministerio itinerante, aparece aquí (Gál. 2:1-3). Era un gentil, probablemente uno de los primeros convertidos de Antioquía, elegido por Pablo como valioso ejemplo de la posibilidad de salvación fuera de la ley. Si Gál. 2:1 se identifica con la "visita del hambre" Tito debe haber sido un activo obrero en la iglesia de Antioquía, no más tarde que en el año 46 D. de C. Si ello es cierto, sería interesante saber por qué Pablo y Bernabé no llevaron a Tito con ellos en su primer viaje misionero en lugar de Juan Marcos, a quien trajeron exprofesamente de Jerusalén (Hechos 12:25). ¿Fue porque creyeron que la tensión entre los creyentes judíos y Gentiles era tan fuerte que la presencia de un ayudante gentil, ensancharía una brecha ya existente? Y ¿la subsiguiente renuncia de Marcos de acompañar a Pablo y Bernabé a las montañas de Asia Menor donde la población era más bien de gentiles, indica que éste no quería comprometerse demasiado en la obra de los gentiles? La prominencia que tuvo Tito posteriormente durante el tercer viaje, demuestra que Pablo hizo de él un obrero entre los gentiles, porque como tal podía trabajar más efectivamente entre éstos que el propio Pablo? (1 Cor. 7:6, 14, 8:6, 16, 23). Quizás la primera exprerriencia de Tito con la situación en Antioquía le capacitó para tratar con energía los problemas eclesiásticos que surgieron sobre este asunto en las iglesias de los Gentiles.

JUAN (hijo de Zebedeo) (el evangelista)

La última persona mencionada en Gálatas es Juan. No se le asigna acción importante en el único lugar donde se encuentra su nombre (2:9). Se trata de Juan, el hijo de Zebedeo, ya que no había ningún otro Juan entre los líderes de la Iglesia de Jerusalén en aquel tiempo.

El fuerte énfasis biográfico de Gálatas muestra que el libro no se escribió desde un punto de vista teórico e impersonal. Se refiere a problemas prácticos de la Era Apostólica íntimamente relacionados con personas que vivían en aquella época. Ya que sus principios fueron ilustrados con las conductas personales de hombres reales, y puesto que la naturaleza humana no cambia a través de los siglos, el libro tiene todavía un mensaje ardoroso y convincente para el mundo moderno. Las verdades que Pablo defendió eran de vital importancia para la vida religiosa de su tiempo, y puesto que los hombres son lo mismo hoy día, éstas verdades son todavía de gran valor para nuestra vida religiosa.

LA SITUACION HISTORICA

Método Histórico

Capítulo IV

LA SITUACION HISTORICA

EL METODO HISTORICO

La interpretación de una pieza literaria como Gálatas, depende de su fondo histórico. Las alusiones a hechos contemporáneos, lugares, tendencias, movimientos y cuestiones del día en que fue escrita, deben explicarse siempre de una forma que ilumine claramente el pensamiento del escritor. Solamente se puede obtener una perspectiva verdadera de su significado cuando la enseñanza del libro es vista a la luz del contexto, que es en este caso, la situación que lo produjo.

A pesar de que la carta a los Gálatas no lleva ninguna declaración referente a su fecha ni destino, fuera de algunas referencias muy ambiguas a las iglesias de Galacia, (Gál. 1:2) fue evidentemente enviada a personas situadas en algún tiempo y lugar, y producida en un período definido del ministerio de Pablo. Ya hemos discutido considerablemente estas cuestiones en los capítulos anteriores con referencia a los métodos crítico y biográfico, por consiguiente, el propósito de este capítulo se centrará principalmente en el lugar de Gálatas en el pensamiento de Pablo y de la Iglesia Primitiva, más que en detalles cronológicos y topográficos relacionados con el libro.

El lugar del libro en el ministerio de Pablo

El lugar ocupado por Gálatas en el ministerio de Pablo puede determinarse con cierta exactitud. Ya que los sucesos referidos en el método biográfico estaban ya en el pasado, la carta debió escribirse después de la fundación de las iglesias de Galacia, y después de la visita de Pablo y Bernabé a Jerusalén, siguiendo su ministerio inicial en Antioquía. La alusión de Pablo a "el Evangelio que predico entre los gentiles" (Gál. 2:2) podía referirse a su predicación en Sicilia o en Antioquía, pues en ambos sitios predicó, con anterioridad a su primer viaje misionero (Hechos 9:30, 11:25, 26). Sobre la base de la fecha temprana de Gálatas (38 D. de C.) el libro encajaría en los comienzos de la carrera misionera de Pablo, antes de su separación de Bernabé (Hechos 15:39, 40). Esta fecha situaría a Gálatas contemporáneamente con la lucha contra los judaizantes que culminó con el Concilio de Jerusalén, y no se apaciguó por entero hasta años más tarde.

Por otro lado, si, como algunos dicen, la referencia a su "primera" visita (4:13) implica que visitó Galacia en dos ocasiones diferentes, la epístola difícilmente pudo ser escrita antes de su segundo viaje. Su evidente sorpresa ante la rápida perversión de los cristianos de Galacia (1:6) muestra que la situación no era previsible y que le había tomado de sorpresa. En su réplica no usó precedentes tomados de la experiencia de otras localidades, lo que hubiera indicado que había trabajado en muchos otros lugares antes de enterarse de su falta. En todo caso, el libro se escribió en el período en que Pablo estaba a la vez en lucha contra el Judaísmo opuesto a la predicación de Jesús como Mesías. En casi cada ciudad que Pablo visitó en su segundo viaje, después de dejar Galacia, Filipos, Tesalónica, Berea, Corinto, Atenas, aparece el conflicto contra el judaísmo. Esto prueba que no predicaba que los gentiles debían someterse a la circuncisión y demás requerimientos de la ley. Si así lo hubiese hecho los judíos helenísticos de estas ciudades que visitó, le hubieran dado la bienvenida tomándole como una ayuda a sus actividades proselitísticas. Gálatas fue escrito en medio de la persecución (5:11) y por lo tanto encaja con la situación en la primera mitad de su segundo viaje, así como en el período anterior al Concilio de Jerusalén.

Todavía otro punto de vista, sitúa la carta a los Gálatas en el tercer viaje de Pablo, posiblemente en Efeso después de su última visita al país gálata. Hay menos probabilidades de esta posibilidad, como se ha mostrado antes (1), a causa de que los sucesos descritos en la sección histórica de Gálatas aparecen demasiado frescos en su memoria para demostrar que el libro fue escrito en un período posterior. El silencio de Gálatas respecto a las actividades de la Iglesia posteriores al año 50 d. de C. contradicen la idea de una fecha de redacción tardía, si bien el argumento del silencio no es conclusivo.

Aunque la certidumbre absoluta en cuanto a la fecha de Gálatas es inasequible, la probabilidad de que pertenezca al principio del ministerio de Pablo, más que a su final, parece más plausible.

¿Qué deducciones pueden sacarse de esta probabilidad?

Primero: Gálatas fue el resultado de una controversia sobre el mensaje cristiano; que Pablo no había busca-

_____

(1) Véanse páginas 57-63.

do; pero fue inevitable. La predicación de la verdad, siempre produce desacuerdo con aquellos que la rechazan. Jesús, con frecuencia entró en discusión con dirigentes de su nación que no aceptaron su mensaje.

A pesar de que la Iglesia de Jerusalén era principalmente judía, su énfasis sobre la resurrección de Jesús y su exaltación a la diestra de Dios la envolvió en un conflicto con el Judaísmo. La conversión de Pablo le separó inmediatamente de sus antiguos colegas, e hizo que éstos miraran con suspicacia cada cosa que dijo o hizo hasta llegar a la más violenta oposición a su persona y enseñanzas. Por otra parte el elemento judaizante dentro de la Iglesia, que quería reconocer a Jesús de Nazaret como el enviado Mesías y mantener al mismo tiempo todos los requerimientos de la ley, se opusieron a su propaganda. A su modo de ver, Pablo predicaba un Evangelio parcial, la salvación sin mandamientos ni ceremonias. Cristo sin Mesías. A causa de esta larga controversia. Pablo fue forzado por las circunstancias a definir su posición, ya que había estado ocupado desde un principio en un ministerio entre los gentiles. El libro de Gálatas es la declaración oficial de su posición

En segundo lugar: Si la carta a los Gálatas fue escrita en una época relativamente temprana dentro de la carrera de Pablo, ello muestra que su teología no fue el producto de una larga evolución de su judaísmo motivada por la influencia helenística, sino que se formó rápidamente, y que sus detalles esenciales estaban fijos ya en el comienzo de su carrera. No hay ninguna sugerencia en el lenguaje de los capítulos introductorios que muestre que Pablo hubiese predicado cualquier otro mensaje que el que contiene el propio libro, o que hasta el tiempo en que lo escribió hubiese cambiado su mensaje. La teología de la gracia estaba claramente definida y firmemente fijada en las convicciones de Pablo desde el principio de su carrera.

En tercer lugar: Gálatas brota de los conflictos de un ministerio activo. Pablo no era un teólogo de butaca. Sus convicciones estaban forjadas en el yunque de la lucha intelectual y el roce de los conflictos. Cada línea de su epístola vibra con la pasión de un pensador para quien Cristo no es sólo su ideal, sino su vida entera (Gál. 2:10). Pablo razonó de un modo análogo a las fórmulas corrientes de sus días, y su lógica está de acuerdo con las necesidades de la vida diaria de su propia época, no está formulada en un vacío. *Gálatas lleva el agrio olor de la arena, no el rancio perfume de alguna torre de marfil de un proceso intelectual.*

La historia de la Iglesia Galaica

Las iglesias de Galacia fueron los primeros frutos del ministerio que Pablo desarrolló entre los gentiles. Antes de su conexión con Bernabé en la obra de Antioquía había tenido un ministerio independiente en Siria y Cicilia (Hechos 9:30; 11, 25; Gál. 1:21). Cuando él y Bernabé fueron enviados por la Iglesia de Antioquía a la primera misión evangelística, comenzaron en Chipre, que era el territorio materno de Bernabé (Hechos 4:36) y fueron conocidos allí como Bernabé y Saulo. Pero cuando partieron de Chipre hacia las tierras del Asia Menor, Lucas menciona el grupo como Pablo y sus compañeros (Hechos 13:13). Si el cambio fraseológico significa ALGO, indica que Pablo, como más joven y más agresivo había tomado el mundo, y que de allí en adelante la misión fue suya más que de Bernabé.

La obra bajo el mando de Pablo empezó en la Sinagoga de Antioquía de Pisidia. El sermón que hallamos en Hechos 13:13 a 43 es el primer discurso de Pablo que se da en el libro de los Hechos. Lucas evidentemente lo juzgó como un discurso clave, que fijaba el precedente para posteriores mensajes y para el ministerio de Pablo en su conjunto. Hay allí varios datos importantes para la interpretación de la situación en el caso de los Gálatas.

1.° El discurso era enteramente judío en su expresión. Consistió más que nada en una revisión de todos los tratos de Dios con Israel, con especial énfasis sobre los líderes provistos por Dios. Saúl, como el primer rey, David, por su grandeza, y finalmente el cumplimiento de las promesas hechas a David en la persona de Jesús, a quien la nación había rechazado. Su primer llamamiento fue a la esperanza mesiánica de Israel.

2.° Se esforzó luego en explicar el significado de la resurrección. Sobre la base de: hechos históricos confirmados por testigos (Hechos 13:20); la promesa dada a los padres (v. 32); y ulteriores profecías (v. 33), presentó la resurrección como fundamento de la fe. Pablo mostró esta verdad como experiencia personal en Gálatas 2:20, al decir: "Cristo vive en mí".

3.° El discurso hizo una distinción clara entre la justificación por las obras y la justificación por la fe: "Seaos pues notorio, hermanos, que por éste os es anunciada remisión de pecados; y de todo lo que por la ley

de Moisés no pudisteis ser justificados en éste es justificado todo aquel que creyere" (Hechos 13:38, 39). Esta declaración es el corazón de todo el mensaje Paulino y es el
argumento central de la epístola a los Gálatas.

4.° Pablo osadamente aseguró que los Gentiles podían ser salvos por la fe en su mensaje. Las palabras "todo aquel que creyere" en 13:39, incluía ciertamente a Judíos y Gentiles y más tarde la declaración conjunta de
Pablo y Bernabé confirma este aserto. "Entonces Pablo y
Bernabé usando de libertad dijeron: A vosotros a la verdad era menester que se os hablase la palabra de Dios
mas pues que la desechais y os juzgais indignos de la vida
eterna he aquí nos volvemos a los gentiles" (Hechos 13
46). Los oyentes gentiles comprendieron que el mensaje
era para ellos y creyeron (Hechos 13:46).

El primer período de la obra en el territorio de Galacia del Sur se destaca primeramente: 1.° Por su llamamiento a los judíos y prosélitos por medio de la sinagoga.
2.° Por la oposición judía que se levantó contra el nuevo
mensaje y por la iniciación de una nueva misión distintiva entre los gentiles, que fue entusiásticamente acogida
por éstos.

El segundo período de la obra se desenvolvió en Listra. Allí el procedimiento fue diferente, porque aparentemente no había sinagoga. La población judía en la ciudad debía ser pequeña. El discurso inicial tuvo lugar en
una plaza publica como resultado del milagro de cura-
ción de un cojo. Cuando los gentiles paganos trataron de
ofrecer un sacrificio a Pablo y a Bernabe, a quienes to-
maron por dioses, éstos protestaron vehementemente. Pre-
sentaron un "Dios único que hizo los cielos y la tierra y
el mar y lo que en ellos hay" (Hechos 14:15). Su concep-

to de Dios era del Antiguo Testamento pero su presentación fue en términos que los gentiles pudieron entender: "El Creador y sustentador de los hombres", "El que da lluvias del cielo y tiempos fructíferos; hinchiendo de mantenimiento y de alegría nuestros corazones" (Hechos 14: 17).

La oposición judía apareció de nuevo y enardeció los prejuicios de los Gentiles que apedrearon al apóstol Pablo fuera de la ciudad. Sin embargo, él y Bernabé "hicieron muchos discípulos" (Hechos 14:21) en Derbe, y volvieron a Listra Iconio y a Antioquía de Pisidia, organizaron iglesias, nombrando ancianos en cada una (Hechos 14:23).

La misión inicial, pues, pareció ser un éxito. Había creyentes sinceros y fervorosos entre los gentiles, a pesar de toda la oposición judía. Una cadena de iglesias se había organizado en campo virgen, y la efectividad de la salvación por la fe sobre personas de descendencia no judía, pareció quedar demostrada sin disputa alguna.

La importancia de esta misión en la historia de la Iglesia Primitiva es indicada, en general, por el amplio espacio que Lucas asigna en su libro de los Hechos. Por supuesto no pretendió reseñar todo lo que tuvo lugar entre el año 30 D. de C. y y el año 60 D. de C., porque sus omisiones son tan conspicuas como sus conclusiones. No se dice nada, por ejemplo del ministerio de Pablo en Tarso y Cilicia, anterior a su llamamiento a Antioquía, a pesar de que trabajó en estas regiones por casi un decenio, o quizá más. Tampoco se da ningun detalle de lo que hacían los doce apóstoles durante este período, a pesar de que estaban probablemente en Jerusalén (8:1) por lo menos durante una parte de este tiempo; ni se cuenta al lector a donde fueron cuando finalmente abandonaron la ciudad. El hecho de que Lucas describiera en cambio esta visión de un modo tan detallado muestra la importancia que para él tenía.

¿Es que Lucas trató este viaje misionero con detalle a causa de la controversia que empezó entre los judíos y Pablo a raíz de la fundación de la iglesia gentil en este territorio y se perpetuó dentro de la iglesia después de su fundación? ¿Es que el "y" con que empieza el capítulo 15 de Hechos indica que la descripción que hace Lucas del Concilio de Jerusalén no era solamente uno más de los episodios en el desenvolvimiento de la Iglesia, sino que tuvo una estrecha relación con los hechos del capítulo 14? ¿Fué la disputa sobre la circunscición, que empezó en Antioquia y que repercutió en el Concilio, simplemente el pleno desarrollo de una tendencia manifestada ya en Galacia? Si así fuera, el fondo de la epístola se esclarece por completo, porque se puede ver que la lucha preliminar que Pablo tuvo contra los judaizantes en Galacia y contra los irresolutos líderes de Antioquía, se resolvió en el Concilio.

En esta asamblea, según se describe en el libro de los Hechos, se discutieron tópicos importantes para el desenvolvimiento de la Iglesia Galática. En ruta hacia el Concilio, desde Antioquía por Fenicia y Samaria, Pablo y Bernabé estuvieron ocupados en explicar la conversión de los Gentiles (Hechos 15:13). Una natural deducción de este hecho sería que las iglesias de este territor o estaban constituídas en su mayoría por judíos, los cual s no se hallaban todavía informados del nuevo movimiento misionero por el cual tantos gentiles eran salvos.

El asunto se discutió en Jerusalén, cuando los del

bando farisaico, al igual que los judaizantes de Galacia, insistieron en que los gentiles deberían ser circuncidados y obedecer la ley de Moisés (Hechos 15:5). Los oradores del Concilio usaron los mismos argumentos que la epístola a los Gálatas.

El discurso de Pedro recurrió al argumento biográfico al citar su propia experiencia en su alocución de apertura: "Varones hermanos, vosotros sabéis como hace algún tiempo, Dios escogió que los Gentiles oyesen por mí la Palabra lel Evangelio y creyesen". Y continuó con el argumento teológico, cuando dijo: "Y Dios que conoce los corazones..." (Hechos 15:8, 9 y 11). El argumento práctico lo empleó también cuando presentó esta severa pregunta: (Hechos 15:10) "Ahora pues, ¿por qué tentáis a Dios poniendo un yugo sobre la cerviz de los discípulos que ni nuestros padres ni nosotros hemos podido llevar?". La estructura del discurso de Pedro hace pensar si no fue, en parte, el resultado del argumento que Pablo usó con él en Antioquía. Si Pablo dijo entonces a Pedro lo que escribió más tarde a la Iglesia de Galacia, es más fácil de comprender la fuerte defensa que Pedro hizo de la libertad de los Gentiles en el Concilio, con un discurso que parece un capítulo de Gálatas, tanto en argumento como en estructura.

La carta del Concilio, resumiendo los resultados de aquella importante asamblea, contiene tres afirmaciones que tienen una estrecha relación con la situación definitiva en que quedaron las iglesias gentiles de Galacia.

Primeramente, contradecía a los maestros que pretendían apoyarse en Santiago como autoridad para sus actividades judaizantes. Pablo, en Gálatas 2:12, claramente expresa que la falta de Pedro en Antioquía fue ocasionada por "algunos que vinieron de Santiago". Quizás hubo un reproche también para Santiago en aquella ocasión. Las palabras de Santiago en el Concilio borraron empero todo motivo de reproche o temor de parte de Pablo en el futuro.

Segundo, la carta de la iglesia de Jerusalén encomendó a Pablo y Bernabé (Hechos 15:25) así como a Judas y Silas que volvieron con ellos a Antioquía. Por este documento la afirmación de Pablo a los Gálatas de que contaba con la aprobación de los "pilares" de la Iglesia quedaba vindicada.

Por último, las restricciones recomendadas a los creyentes gentiles no eran una condición indispensable a la salvación por la fe, sino un modo de remover obstáculos a la comunión fraternal, quitando lo que pudiera ofender a los hermanos judíos. Pablo mismo, a la vez que defendia el derecho de los cristianos gentiles a considerarse libres de las observancias ceremoniales como rito religioso, declaró: "Si la comida es a mi hermano ocasión de caer, jamás comeré carne por no escandalizar a mi hermano" (1 Cor. 8:13). No hay, por tanto, ninguna contradicción entre los decretos del Concilio de Jerusalén y la substancia de la carta a los Gálatas, sino por el contrario, simplemente confirman el principio, declarado también en Gálatas, de que la libertad debe ser temperada por la prudencia.

La decisión del Concilio fue, por tanto, muy importante para las iglesias Gentiles, de las cuales las iglesias de Galacia eran las primeras. La segunda misión a estas iglesias se cuenta en Hechos 16, donde Lucas declaró: "Y como ellos (Pablo y Silas) pasaban por las ciudades les daban que guardasen los decretos que habían sido determinados por los apóstoles y los ancianos que estaban en Jerusalén" (Hechos 16:4). No sólo fueron las Iglesias de Derbe, Listra e Iconio mencionadas por nombre, sino que aparentemente había otras que pudieron no ser mencionadas por Lucas, o puede haberse referido a las Iglesias de Siria y Cicilia (Hechos 15:41). En cualquier caso, los decretos se publicaron en las Iglesias más allá de Antioquía que se habían formado durante este tiempo, como resultado de la empresa misionera iniciada en dicha ciudad, explicándoles la decisión final de la Iglesia Cristiana sobre la circunscisión e incircunscisión de los Gentiles.

Se dice muy poco acerca de lo que ocurrió en las iglesias de Galacia. Timoteo era nativo de Listra, hijo de uno de los convertidos por Pablo en su primer viaje (Hechos 16:2). El debió haber compartido el ministerio de Pablo allí, pues una alusión de 2 Timoteo 3:10-11, muestra que su relación en Listra había sido algo más que casual. La mención del trabajo en Galacia y Frigia en Hechos 18:23 implica que trató con individuos más que con grupos organizados. No hay modo de saber cómo se resolvió la controversia, a pesar de que parece probable que la Iglesia respondió favorablemente a la carta y propósito de Pablo de reafirmar su fe y libertad en Cristo.

La cronología de Gálatas

Ya que la cronología de Gálatas ha sido ya explicada por el estudio del método crítico y biográfico, un breve sumario será suficiente (2). Al revés del Evangelio de Lucas, que da una fecha exacta del comienzo de su narración principal (Lucas 3:1), el libro de Gálatas no fija ningún punto de referencia para su cronología, y los períodos de tiempo que se mencionan pueden ser sucesivos o simultáneos. El punto de referencia más cercano para fechar la cronología de Gálatas es la conversión de Pablo, a la que parece hacerse alusión en Gálatas 1:15-16 "Mas cuando plugo a Dios, que me apartó desde el vientre de mi madre, y me llamó por su gracia, revelar a su Hijo en mí, para que le predicase entre los Gentiles, no conferí luego con carne y sangre".

Ya que Hechos 9:20 explica que pronto después de su conversión: "En las sinagogas predicaba a Cristo, declarando que era el Hijo de Dios", la coincidencia de idea en ambos pasajes puede indicar que se refieren al mismo hecho. La identificación da un punto de partida en la carrera de Pablo para los incidentes que se refieren en el libro de los Gálatas, pero no aporta una fecha exacta, porque el año de la conversión de Pablo no se conoce con absoluta certeza. Si aceptamos que tuvo lugar tres años después de Pentecostés, se puede fijar aproximadamente cerca del año 31 D. de C. (3). De ser así, la cronología de Gálatas puede expresarse como sigue:

---

(2)   Véanse páginas 55-61.

(3)   Esta fecha parece temprana, pero el Dr. Smith, en su libro Our Lord's Earthly Life, editado por (George H. Doran, New York) pp. XI-XV, fija la fecha de la crucifixión en el año 29, lo que hace que la fecha citada del año 31, sea muy posible.

SUCESO	REF.	TIEMPO	
Conversión de Pablo	1.15	A.D. 31	
Visita a Arabia	1.17		3 años
Vuelta a Damasco			
Primera visita a Jerusalem	1.18	A.D. 33	
Interviú con Cefas			
15 días en Jerusalem			
Partida a Siria y Cilicia	1.21		14 años
(Primer ministerio en Antioquía			
no mencionado en Gálatas)			
Segunda visita a Jerusalem	2:1-10	46	
Acompañado por Bernabé y Tito			
Motivado por revelación			
Interviú privada			
Quejas respecto a los «falsos hermanos»			
Acuerdo con Jacobo, Cefas y Juan			
(Primer viaje misionero no mencionado			
en Gálatas. Deducido por la dirección			No se dice
de Pablo según el capítulo 2.)			el intervalo
Visita de Cefas a Antioquía, y controver-			
sia resultante	2:11b	48(?)	
Redacción de la Carta a los Gálatas			
(Concilio de Jerusalem no mencionado			
en Gálatas)		48/49	

El gráfico cronológico dado arriba permite la variación de un año, teniendo en cuenta la práctica común de la cronología judía, de tomar cualquier fracción de un año como año entero (4). Pablo fue convertido en el año 31 D.C. Su retorno a Jerusalén tuvo que haber ocurrido en el año 33 D.C. si empezamos el segundo período de catorce años en el mismo año; el último de los catorce, sería el 46 D.C. Semejante interpretación permitiría la identificación de la segunda visita a Jerusalén con la "visita del hambre" de Hechos 11:28 y 29 y también la asignación de dos años al primer viaje misionero antes de la vuelta a Antioquía y el Concilio de Jerusalén. Si la conversión de Pablo fue en el año 32 ó 33 D.C. la escala entera debe ser cambiada de acuerdo. De todos modos, el Concilio, no pudo haber tenido lugar más tarde que en el año 50 D.C.

Una cosa es cierta: el argumento de Pablo sacado de los hechos históricos termina con el incidente de la disputa en Antioquía. Ya sea que ello ocurriera antes del Concilio de Jerusalén o inmediatamente después, la historia de la Iglesia de Antioquía, aunque es tan importante con referencia al conflicto de los Gálatas, no es trazada más allá del año 50 D.C. Pablo no sintió la necesidad de dar detalles de todos los hechos de este período, pero el hecho de que no hizo mención de nada posterior, puede significar que la epístola a los Gálatas fue escrita no mucho después de los años críticos en los cuales sus principios en cuanto a la libertad de los gentiles, y su propia misión, se hallaban a prueba. Después del año 50 D.C. el

---

(4) Véase Conybeare & Howson, Nota B en p. 835.
(5) Hechos 24:5, 14.

problema cristalizó en una política que separaba los grupos judíos de los gentiles en cuanto a su deber de guardar o no las prescripciones de la ley mosaica pero el problema quedó zanjado con la desaparición del principal grupo judeo cristiano al tener lugar la destrucción de Jerusalén en el año 70 D.C.

La importancia histórica de Gálatas

Gálatas es uno de los documentos más importantes que ha sobrevivido de la era apostólica. Es el monumento de una controversia que ha fortalecido la Iglesia, y que terminó con el establecimiento de una completa libertad de conciencia y de fe para los Gentiles. Marca la transición entre un Cristianismo que fue juzgado por muchos como una secta judaica (5) y el Cristianismo que últimamente emergió como una fe independiente, tanto para Gentiles como para Judíos. El recuerdo documental de esta transición, ha sido empero un freno permanente al formalismo y legalismo surgido posteriormente en la iglesia, y ha preservado la enseñanza positiva del significado de la salvación por la fe en Cristo.

Su valor histórico no es por tanto únicamente el recuerdo de una controversia olvidada. Si esta epístola no hubiese sido escrita, todo el carácter del Cristianismo podía haber sido diferente, en el caso de que el mismo Cristianismo hubiese sobrevivido al error legalista. La defensa de Pablo de la fe espontánea contra un estricto legalismo liberó al Evangelio de las tendencias del Judaísmo. Gálatas viene a ser una afirmación permanente del

---

(5) Hechos 24:5, 14.

derecho de cada individuo para basar su esperanza espiritual en nada más que una constante comunión con Cristo. La confesión personal de Pablo en Gálatas 2:20 ha sido considerada con razón como un epitome genial de la vida cristiana.

Si Gálatas fue escrito antes del Concilio de Jerusalén es la primera epístola de Pablo que tenemos, y un testigo de la temprana cristalización de su enseñanza teológica. Muestra que veinte años después de la muerte de Jesús la doctrina de la justificación por la fe en El, era predicaba ampliamente, y que éste era el mensaje genuino de la iglesia apostólica. Aun si fue escrita más tarde en la vida de Pablo, esta epístola contiene la "fe histórica" más antigua en los orígenes de la Iglesia, y demuestra que no fue el producto de un proceso evolutivo que tuviera lugar mucho después de la muerte de Jesús y de los apóstoles. La esencia de la fe cristiana fue discutida por los apóstoles en Jerusalén y en Antioquía antes de ser trasladada al papel. Gálatas es por tanto una garantía substancial de la pureza de nuestra herencia teológica.

EL ARMAZON TEOLOGICO

El Método Teológico

Capítulo V

EL ARMAZON TEOLOGICO

EL METODO TEOLOGICO

A pesar de que los libros de la Biblia no son principalmente libros teológicos de texto, están repletos de contenido doctrinal. No solamente contienen muchas lecciones donde la doctrina es discutida directa y sistemáticamente, sino que hay muchas enseñanzas teológicas dentro de los hechos y las narraciones del texto. Algunas veces la enseñanza implicada es más importante que la expresada. Las epístolas de Pablo, con la posible excepción de Romanos y Efesios, más bien están destinadas a resolver cuestiones surgidas en las iglesias que a una presentación sistemática de la Teología Cristiana. Puede preguntarse si existió alguna fórmula sistemática de doctrina en la Iglesia Primitiva, excepto ciertas alusiones que tenemos a un conjunto definido de enseñanzas que Pablo poseyó e impartió cuidadosamente a sus conversos (1 Cor. 4:14-17; 2 Tes. 3:6).

La naturaleza esencial de esta enseñanza se expresa en la declaración de 1 Corintios 15:1-5).

"Además os declaro, hermanos, el Evangelio que os he predicado, el cual también recibisteis, en el cual también perseveráis: Por el cual asimismo, si retenéis la Palabra que os he predicado, sois salvos si no creisteis en vano. Porque primeramente os he enseñado lo que asimismo recibí: Que Cristo fue muerto por nuestros pecados conforme a las Escrituras, y que fue sepultado y que resucitó al tercer día conforme a las Escrituras. Y que apareció a Cefas y después a los doce".

La esencia del Evangelio de Cristo, tal como Pablo lo presentó, es la revelación histórica de Dios en la persona de Cristo, quien murió por nuestros pecados, y resucitó y en quien encontramos, tanto el poder como el modelo para una vida cristiana que culmina en la vida eterna. Las diversas consecuencias que pueden sacarse de esta verdad central y las varias aplicaciones de la misma a la vida diaria, fueron evocadas por necesidades espirituales de las iglesias particulares y tratadas en las epístolas que envió a estas iglesias, en respuesta a las crisis que las confrontaron.

Estas verdades centrales aparecen en todos los libros del Nuevo Testamento, aunque no son tratadas de una forma sistemática. Un cuidadoso escrutinio de la fraseología de cada libro da a menudo una amplia referencia de los puntos fundamentales de su peculiar enseñanza. El proceso de escudriñar un libro de la Biblia para confrontar y comparar sus declaraciones doctrinales claramente expuestas o inferidas, se le llama método teólogico.

Las aserciones teológicas de Gálatas

Un modelo de estudio de una de las aserciones teológicas de Gálatas es el siguiente sumario de su doctrina de Dios. En ningún lugar del libro se define a Dios metafísicumente, ni tampoco ofrece, como en otros escritos de Pablo, ninguna prueba de su existencia, pero sin el supuesto de la existencia de Dios y de su relación personal con los hombres, el libro entero no tendría sentido. La presencia y actividad divina en el mundo y en la Iglesia se da por supuesta, al igual que su existencia y los atributos de su Ser se declaran de un modo implícito en el lenguaje usado. Hay más de dos docenas de referencias a Dios en la epístola, y pueden catalogarse como sigue:

N.°	Ref.	Texto
1	1:1	Dios el Padre, quien lo levantó (Cristo) de los muertos.
2	1:3	Dios el Padre.
3	1:4	Nuestro Dios y Padre.
4	1:10	¿o busco de agradar... a Dios?
5	1:13	La Iglesia de Dios.
6	1:15	Mas cuando plugo a Dios.
7	1:20	Delante de Dios, no miento.
8	2:6	Dios no acepta apariencia de hombre.
9	2:19	...para vivir a Dios.
10	2:20	En la fe del Hijo de Dios.
11	2:21	La Gracia de Dios.
12	3:6	Abraham creyó a Dios.
13	3:8	Dios por la fe, había de justificar a los Gentiles.
14	3:11	Ninguno se justifica para con Dios.
15	3:17	Confirmado de Dios para con Cristo.
16	3:18	Dios por la promesa, hizo la donación.
17	3:20	Dios es uno.
18	3:21	Las promesas de Dios.
19	3:26	Hijos de Dios, por la fe.
20	4:4	Dios envió a Su Hijo.
21	4:6	Dios envió al Espíritu.
22	4:7	Heredero de Dios por Cristo.
23	4:8	No conociendo a Dios.
24	4:9	Mas ahora habiendo conocido a Dios.
25	4:9	Siendo conocidos de Dios.
26	4:14	Como un ángel de Dios.
27	5:21	El Reino de Dios.
28	6:7	Dios no puede ser burlado.
	6:16	El Israel de Dios.

Este gráfico contiene una lista completa de los usos del término "Dios" en Gálatas. El estudio de estos pasajes revelará ciertos hechos:

1.ª La distribución de estas alusiones se centra principalmente en los cuatro primeros capítulos de Gálatas. En la sección del libro que trata de la aplicación práctica de su doctrina, Dios es mencionado raramente.

2.ª El carácter personal de Dios se define con el término "Padre" que ocurre tres veces. Una vez describe la relación de Dios con Cristo y dos veces su relación con os hombres.

3.ª Una relación personal con Dios es posible (2:19; 4:9) y el hombre justificado puede entrar en ella. El método y significado de la justificación en la cual se funda esta comunión, constituye el tópico principal de la discusión teológica en Gálatas.

4.ª La soberanía de Dios es supuesta. "El favor de Dios es el mayor bien (1:10) Dios es el Autor de toda verdad (1:20). Es infalible en sus juicios (6:7). Indica la salvación de los hombres (3:8, 17, 18) enviándoles a su Hijo y a su Espíritu (4:4, 6).

5.ª Esta comunión personal con Dios es expresada en términos de filiación. Dios es presentado como el Padre (1:1-4). Los creyentes son hechos hijos de Dios por la fe en Cristo (3:26) quien les redimió y les abrió la entrada a este privilegio. La conciencia de esta filiación es creada por el Espíritu Santo, que atrae a los hombres el conocimiento de Dios como Padre (4:6).

De los anteriores hechos se pueden sacar dos conclusiones. 1.ª Al escribirse el libro de los Gálatas no hubo un propósito de tratar el tema de Dios de un modo explícito y completo. Es mucho más lo sobreentendido que lo declarado acerca de ese tema. 2.ª La enseñanza accidenal sobre la persona de Dios es más bien ocasional y variada que de un carácter determinado y se dirige a la satisfacción de necesidades personales. Aunque incidentalmente, se enseña, sin embargo, en esta epístola lo suficiente acerca de Dios para hacer a cualquier persona entrar en relación con El, y para revelar su verdadera naturaleza.

Enseñanza doctrinal explícita

Una doctrina que se enseña directa y explícitamente en esta epístola es la justificación por la fe, en contraste con la salvación por las obras. La palabra "justificar" se usa ocho veces en el texto. Dichos usos pueden detallarse como sigue:

N.º	Ref.	Contenido
1	2:16	El hombre no es justificado por las obras de la ley.
2	2:16	...para que fuésemos justificados por la fe en Cristo.
3	2:16	Porque «por las obras de la ley, ninguna carne sería justificada». (Cita del Salm. 143:2) (?).
4	2:17	Buscando nosotros ser justificados en Cristo.
5	3:8	Y viendo... que Dios había de justificar a los Gentiles por la fe.
6	3:11	Más por cuanto por la ley ninguno se justifica para con Dios.
7	3:24	Para que fuésemos justificador por la fe.
8	5:4	Los que por la ley os justificáis, de la gracia habéis caído.

Los ejemplos dados en el gráfico pueden dividirse en tres grupos. El primer grupo está centrado completamente en Gálatas 2:16, 17, donde el pensamiento central del

libro se expresa en relación con el argumento biográfico
que abre la discusión. El segundo grupo 3:8, 11, 24. se encuentra en el pasaje que presenta el pensamiento central
de una forma argumentativa. El último ejemplo es parte
de la conclusión con que Pablo intimó a sus lectores, tanto personalmente como prácticamente. El sentido doctrinal aparece, por lo tanto, en cada sección de la epístola y
es una parte de su mensaje central.

La misma palabra griega "dikaioo" significa principalmente declarar a uno justo, mas que ser justo u obrar
justicia. Era usada comúnmente en el idioma original,
significando juzgar con rectitud, pensar rectamente o es-
timar correctamente. Como término legal significa vindi-
car, y, como arriba se indica, éste es su uso general en
el Nuevo Testamento: hacer justicia a una persona y por
consiguiente castigar o ejecutar una sentencia. En el Nuevo Testamento se encuentra, fuera de los escritos de Lucas y Pablo, solamente en los libros de Mateo y Santiago.
Las dos citas en Mateo (11:19, 12:37), no traen ningún significado teológico, y desde el punto de vista de materia
doctrinal nada nos dicen. Con todo, esta palabra es usada tres veces en Santiago (2:21, 24, 25) con referencia a
la doctrina de la justificación y al parecer con un significado opuesto al de Pablo. Ni en Mateo ni en Santiago el
significado esencial de "dikaioo" es empero, totalmente
diferente u opuesto al que le dan Lucas y Pablo en sus escritos.

En los escritos de Lucas y de Pablo, con raras excepciones, dikaioo se refiere a la relación legal del hombre
regenerado con Dios. Por cuanto estaba previamente sujeto a juicio, porque era un transgresor de los mandamientos de Dios, y en consecuencia condenado por la ley

y la conciencia, le ha sido abierto mediante la muerte de Cristo, un camino por el cual puede obtener una nueva posición ante Dios. Es declarado legalmente justo porque le es dado el derecho de Cristo quien sufrió en su lugar. Las demandas de la ley están satisfechas, y el pecador es librado de su delito y de la pena que le acompaña.

Volviendo a los pasajes de Gálatas, el primer grupo de los mismos es individual en su énfasis. Gálatas 2:16 declara que "un hombre no es justificado por las obras de la ley". El ofensor de la ley no puede compensar o reparar un delito por medio de buenas obras realizadas con posterioridad a la ofensa. Hay dos razones para esta conclusión.

Primera: Si una persona quiere justificarse sobre la base de la ley, debe permanecer en la justicia sin apartarse jamás de ella en lo más mínimo. La ley no hace excepciones; obliga a la obediencia siempre: completa obediencia a la ley es lo que se requiere de todas las criaturas de Dios; por esto no puede haber un excedente de obediencia en una ocasión que pueda contrabalancear una desobediencia cometida en otra ocasión previa. Si se espera perfecta obediencia en todas las ocasiones, cualquier ofensa es consecuentemente irreparable.

Segunda: La desobediencia no es un simple acto sin otro resultado para el ofensor que la penalidad externa que ha de sufrir. El pecado afecta al mismo hombre, y lo hace incapaz de completa obediencia a causa de que el hábito del pecado ha empezado en él. Un pecado lleva a otro, el pecado produce una reacción en cadena. El hombre imperfecto, con la carga y el hábito del pecado, es incapaz de volver sobre sus pasos a la completa rectitud. Es como una persona cuyas entradas igualan a los gastos, o bien a un motorista que ha sufrido un accidente cuyos daños no puede pagar, ni tampoco los ocurridos en su propia persona. La consecuencia será, no solamente quedar insolvente con respecto a la reparación de perjuicios, sino un inválido, incapaz de ganarse nuevamente su diario sustento. El pecador es un insolvente moral, exactamente en estas condiciones.

La solución a esta triste situación aparece en las próximas cláusulas del mismo versículo (2:16) "Nosotros también hemos creído en Jesucristo para que fuésemos justificados por la fe en Cristo, y no por las obras de la ley; por cuanto por las obras de la ley ninguna carne será justificada". La justificación por la fe en Cristo, significa que el creyente deja a Cristo hacer por él lo que no puede hacer él por sí mismo. La justicia de Cristo triunfa cuando la justicia humana decae. Cuando El se vio sujeto a la tentación como nosotros, no cedió. Siempre hizo las cosas que complacían a Dios, mientras que nosotros desobedecimos. El murió, pues, no porque mereciera la muerte por sus propios pecados, sino por haberse apropiado los nuestros, a fin de salvarnos. Como dijo Pedro: "Porque también Cristo padeció una vez por los pecados, el justo por los injustos, para llevarnos a Dios" (1 Pedro 3:18).

Ahora bien: Si los hombres que buscan la manera de ser justificados se reconocen pecadores, ¿hace esto a Cristo un promotor del pecado? (2:17). Está proveyendo un método demasiado fácil de escape para aquellos que merecen el castigo? De ninguna manera. Está, tan sólo mostrando Su gracia al tomar a los pecadores tal como son y salvarles completamente. Si esperara a que hubieran luchado contra el pecado y perfeccionado a sí mismos, no serían nunca salvos, porque no podrían obtener semejante victoria por sus propios medios. La justificación por la fe no es simplemente un escape del castigo, sino también una nueva posición del creyente con Dios, y un completo rompimiento con el mal que les había dejado antes sin esperanza.

Este pasaje (2:16-17) está muy relacionado con 2:20, que habla de la nueva vida interior del creyente. "Cristo vive en mí". La justificación lleva, naturalmente, a la santificación, y a la nueva vida que tiende a alejarse del mal y acercarse a Dios. El pasaje entero muestra la clave doctrinal del libro; y el argumento teológico de los vers. 3:1 a 4:31 sigue la línea general de este pensamiento.

El segundo grupo de textos 3:8, 11 y 24 trata del fundamento histórico de la justificación en el Antiguo Testamento. La justificación, según Pablo, no es una novedad que él ha inventado. Era predicho ya en los días de Abraham, cuando Dios prometió su bendición a los gentiles diciendo a Abraham, que en su simiente serían benditas todas las naciones de la tierra (Génesis 12:1-3). Estas bendiciones no podían ser concedidas por la ley, porque todo el que no guarda la ley está bajo la maldición. Si los judíos o los gentiles que no eran fieles a la ley estaban bajo maldición, no eran aptos para la bendición. Consecuentemente, la bendición sólo les podía ser concedida por algún otro método que no fuera la práctica de la ley. La misma ley obligaba a los hombres a buscar algún medio para justificarse a los ojos de Dios, y hacía de la fe la indispensable alternativa al legalismo.

La justificación por consiguiente, está contrastada con el legalismo que opera de causa a efecto. De acuerdo con la ley, el pecador estaba bajo castigo, del cual la ley era incapaz de librarle. En la esfera moral de causa y efecto no puede haber excepciones. Con todo la Gracia introdujo un nuevo poder para borrar la causa antigua y producir un nuevo efecto. Por gracia puede perdonarse el pecado y por tanto preparar el camino por un nuevo crecimiento en rectitud.

Bajo la dispensación de la gracia se pone de manifiesto el verdadero valor de la ley. En vez de ser un sistema definitivo se puede comprender su utilidad y valor como medio preparatorio y disciplinario. Pablo dijo: "La ley fue nuestro ayo para acercarnos a Cristo a fin de que pudiéramos ser justificados por la fe" (Gál. 13:24). La ley cumplió el propósito de traer a los hombres a la justificación por la fe, pero no tenía por objeto tomar el lugar de la fe. De este modo, la justificación por la fe se explica como el objetivo de un propósito en el plan de Dios y el principio cardinal de su presente modo de obrar.

El uso más directo de la palabra "dikaioo" se encuentra en el vers. 5:4, donde Pablo lanza el reto final del libro: "Vacíos sois de Cristo los que por la ley os justificais, de la gracia habéis caído". Pablo insistió en que la salvación por la fe y la justificación por la ley son incompatibles. Demuestra que la justificación por la fe es la introducción a la verdadera vida de libertad, que es a la vez una vida fructífera.

El estudio de esta palabra en su contexto muestra cuán hondamente arraigada está en el pensamiento de la epístola entera. Un similar estudio de cualquier otro punto importante de doctrina, como por ejemplo la palabra fe, sería otra clave interesante para comprender el pensamiento de la carta desde otro punto de vista.

La sección doctrinal del libro

La sección doctrinal de Gálatas comienza al principio del capítulo segundo y se extiende hasta el cuarto. Es el corazón del libro. El objetivo central de Gálatas es doctrinal: ¿Es que los hombres se reconcilian con Dios por la cuidadosa práctica de ciertos deberes, o por la observancia de ciertas fórmulas ceremoniales, o se justifican creyendo en Jesucristo y en lo que El ha hecho? La respuesta a esta pregunta se presenta por medio de siete argumentos principales:

1.°	De la experiencia personal	3:1-5
2.°	De las enseñanzas del A. Testamento	3:6-14
3.°	De la prioridad de la promesa	3:15-22
4.°	De la superioridad y madurez en Cristo	3:23-4:7
5.°	Del peligro de la reacción	4:8-11
6.°	Del contraste de motivos	4:12-20
7.°	Del contraste de esclavitud y libertad	4:21-31

El argumento de la experiencia personal - 3:1-5

La experiencia personal, no puede ser argumento infalible para ninguna verdad doctrinal, porque la experiencia de ningún hombre es tan general o tan imparcial y libre de prejuicios, así como de imperfecciones, que pueda servir de patrón universal para todos los hombres. Tan sólo la revelación posee autoridad para determinar una norma final de doctrina. No obstante, la experiencia personal es un factor poderoso en el enjuiciamiento de la cuestión, porque aquello que ha entrado de un modo positivo en la vida humana ha cesado de ser mera teoría. Para que la discusión acerca de la ley y la gracia no parezca ser una teoría puramente abstracta y separada de la vida común, Pablo la relaciona con la vida actual de sus lectores por medio de ciertas preguntas:

1.ª ¿Los Gálatas recibieron el Espíritu Santo por las obras de la Ley o por el oir de la fe? (o sea ¿por la palabra que produce fe?).

2.ª ¿Puede la experiencia inicial de la vida en el Espíritu ser madurada por la carne? En otras palabras, ¿el sentir que produce la Ley en el corazón es el ambiente adecuado para la obra de justificación, espontánea y voluntaria, característica del Espíritu Santo?

3.ª ¿Esta obra de santificación por el Espíritu, tan evidentemente indicada en las vidas de los creyentes de Galacia, debería ser abandonada como futil, para recomenzar con un retorno a la ley?

4.ª ¿Las obras milagrosas realizadas por el Espíritu Santo en la Iglesia dependerían de la práctica de la ley, o del ejercicio de la fe al ser escuchado el Evangelio?

Con estas cuatro preguntas, sacadas del texto de Gálatas, se abre el argumento doctrinal. Las preguntas están dirigidas a la experiencia personal de los cristianos de Galacia y asume estos hechos (1). Se da por sentado que la entrada del Espíritu Santo en la vida del creyente es la prueba que le asegura haber sido aceptado por Dios (2), que la continuidad de esta vida depende de la continuada obra del Espíritu Santo, y que no puede desenvolverse por el propio esfuerzo de la carne (3). Que las luchas espirituales por las cuales los Gálatas habían pasado garantizaban el mantenimiento y progreso de su fe hasta el fin (4), y que el Espíritu Santo estaba haciendo milagros entre ellos que nunca se hubieran producido por la ley. Estos cuatro hechos se consideran como normales en la vida cristiana y son puntos de apoyo en el argumento de Pablo a aquellas Iglesias. Sus consecuencias se discuten más extensamente en la sección práctica de la epístola.

El argumento del Antiguo Testamento. - 3:6-14

El modelo escritural para la evaluación de la doctrina de la salvación por la fe es lo referido en el Antiguo Testamento concerniente a Abrahám. Hay varias razones que hacen el ejemplo de Abraham aplicable a esta cuestión. Abraham, era el "amigo de Dios" Sant. 2:23) y es uno de los pocos caracteres del Antiguo Testamento cuya experiencia espiritual se da lo suficientemente detallada para constituir un ejemplo al creyente del Nuevo. Los creyentes son hijos de Abraham, en el sentido de que su carrera espiritual está modelada sobre la suya. A él fue dada la promesa que estableció la espectación mesiánica del nuevo mundo, y de él se originó el pueblo que constituyó el vehículo del propósito divino. La promesa dada a Abraham fue anterior a la Ley, y por lo tanto tenía prioridad a la misma. El partido judaizante de Galacia probablemente apeló a Abraham como argumento histórico para mostrar la necesidad le la circuncisión, ya que Dios la había ordenado a Abraham en relación con la confirmación del Pacto. Si Pablo podía usar como ilustración el mismo argumento de los judaizantes, en contra de ellos, los batía en sus propias trincheras.

En este argumento doctrinal la experiencia de Abraham se cita como parte de la Escritura, no simplemente como una experiencia ejemplar de un hombre bueno. En los versículos 8, 10, 11 y 22, Pablo hace énfasis en la autoridad de la palabra escrita reconociéndola como final. Vio la solución del problema, no en un voto que representara la opinión de la Iglesia sobre la cuestión, sino en la interpretación de la revelación divina.

El argumento escritural puede ser considerado por tanto como un avance al argumento personal y práctico sugerido en las preguntas introductorias del capítulo tercero, y es como sigue:

1.° El principio básico de la experiencia personal tiene un ejemplo en Abraham, que "creyó a Dios y le fue imputado a justicia" (3:5).

2.° Aquellos que hacen uso de su derecho espiritual sobre el mismo principio, son "hijos de Abraham", esto es: sus sucesores en la vida de fe, y son elegibles para las mismas bendiciones que Dios le dio a El.

3.° Dios prometió a Abraham que en él serían benditos todos los gentiles.

4.° Por tanto, los gentiles que echan mano de la fe, en cuanto a las promesas de Dios, son candidatos a la bendición, juntamente con Abraham.

5.° Por el contrario, los que están bajo la Ley, son malditos, porque:

a) La Ley maldice a todos aquellos que no guardan todos sus preceptos.

b) Es evidente (dándose más detallada razón de ello en Romanos 5:23) que nadie ha guardado perfectamente la Ley, por consiguiente:

c) Todos estamos bajo maldición.

6.° Por otra parte, la salvación por la Ley y la salvación por las obras se excluyen mutuamente, porque:

a) Si "el justo vivirá por la fe" y

b) La ley no es cuestión de fe sino de obras, entonces:

c) Los que están bajo la Ley no reciben las bendiciones de la fe.

7. En consecuencia, el único camino para gozar la plenitud de la vida de Dios es abandonar la ley como sistema de salvación, y creer en Cristo, quien ha tomado sobre sí mismo la maldición de la ley, para que la promesa del Espíritu Santo pueda descender sobre todos por medio de la fe.

El argumento de la prioridad de la promesa - 3:11-22

El anterior argumento, que es un sumario de Gálatas 3:16-14, deja una o dos preguntas para responder:

1.° ¿Cuál es la relación del convenio con Abraham respecto a la Ley, ya que ésta es evidentemente revelación de Dios?

2.° ¿Cuál fue, entonces, la función de la Ley? ¿Era inútil?

Pablo puntualiza que aun los convenios humanos, entre hombre y hombre se tienen como inviolables e inalterables, de modo que cuando están ya formalizados, no son susceptibles de cambio, ¿cuánto más sagrado, entonces, sería un convenio entre Dios y un hombre? Si Dios hizo un convenio y dio una promesa a Abraham, la ley que se proclamó cuatrocientos treinta años después no podía alterarlo ni suplantarlo. Si la herencia vino por la ley, no sería promesa, y Dios había garantizado ya la herencia sobre la base de una promesa suya. Si la ley era precedida por la promesa, ésta última ha de ser juzgada como de mayor validez.

Por el otro lado, si la ley fue dada definitivamente por Dios, como la escritura atestigua, ¿cómo podemos dejarla de lado tan ligeramente? La respuesta es que la ley fue dada con un doble propósito, para restringir la maldad de los hombres hasta que la promesa de justificación pudiera ser cumplida, y para mostrar a los hombres la necesidad de una obra de gracia que trascendiera la ley (Gálatas 3:19-22).

Si no se hubiera puesto ninguna restricción a la tendencia pecaminosa de los hombres, la degeneración hubiera sido rápida y desastrosa. Aun con el conocimiento de la ley, Israel cayó repetidamente en el pecado. Si la ley no hubiera sido dada como un modelo de justicia, con sus prohibiciones y castigos, no hubiera habido ninguna base para la segunda parte del plan divino, que se refiere a la simiente que salvaría al mundo.

La función de la ley en el individuo fue la creación de un sentimiento de pecado. Pablo dijo de sí mismo: "Yo no tuve conocimiento de pecado fuera de la ley" (Rom. 7:7). Las altas demandas de la ley y la consiguiente experiencia de fracaso que agobió la conciencia de cada judío fiel que trataba en vano de guardarla, mostró claramente la necesidad de una promesa para los que creyeran. De esta clase eran sin duda aquellas personas que Lucas menciona con referencia al nacimiento de Cristo: "Y este hombre justo y pio esperaba la consolación de Israel" (Lucas 2:25). A ellos la ley era una bendición, porque promovió en ellos la fe y esperanza del Mesías, hasta que finalmente llegó.

La función de la ley fue preparatoria y temporal. Nunca estuvo en el propósito de Dios usarla como método final para la salvación del hombre. Los innumerables sacrificios ordenados en la legislación mosaica eran una admisión de este hecho; pues tales sacrificios expiatorios hubiesen sido innecesarios si los hombres pudieran guardar la ley perfectamente por sus propios fuerzas. Por otro lado, la ley era una revelación de la santidad inflexible de Dios que requiere del hombre guardar sus preceptos si desea conocerlo y gozar de la vida eterna. El propósito de la ley era actuar como una influencia reguladora y restrictiva sobre la vida humana entre la promesa de Dios y su cumplimiento.

El argumento de la superioridad de la madurez, en Cristo
3:23:3-7.

Bajo el régimen de la ley toda la vida espiritual estaba regulada por preceptos y reglas. Lo cierto es que la misma ley reconoció el amor como el aspecto más rotundo y verdadero de la vida espiritual. Cuando un cansado y desconcertado legalista preguntó a Jesús cuál era el mandamiento mayor de todos, le citó Deut. 6:5: "Y amarás a Jehová tu Dios de todo tu corazón, y de toda tu alma y con todo tu poder".

Sin embargo, los judíos devotos de aquellos días miraban a la ley como un capataz cuya órdenes debían obedecerse por temor al castigo. Pablo compara el caso a una familia cuyos niños están bajo el cuidado de un ayo, usualmente un viejo esclavo, encargado con la responsabilidad de prepararlos para ir a la escuela y vigilarlos para que no holgazanearan por el camino o corrieran peligro en las calles llenas de tráfico. Cuando eran puestos en manos del maestro, las responsabilidades del ayo, habían terminado. Lo mismo es con la ley, su autoridad terminó cuando hubo traído los hombres a Cristo.

La figura del heredero es llevada más lejos por Pablo para mostrar que la ley es para los novatos en el conocimiento de Dios, mientras que la fe es un signo de madurez. El niño que está bajo los tutores designados por el padre es de hecho un esclavo. No puede ejercer su propio dominio, no puede disponer de sus propios bienes, no puede casarse cuando guste, todas las cosas le están prescritas. El día que entra a ser mayor de edad, es reconocido por el padre como un igual y ello le da derecho a administrar su propia vida y hacienda, "Así también nosotros cuando niños, éramos siervos bajo los rudimentos del mundo. Mas venido el cumplimiento, Dios envió a su Hijo, hecho de mujer, hecho súbdito a la ley, para que redimiese a los que estaban debajo de la ley, a fin de que recibiésemos la adopción de hijos" (Gálatas 4:3-5). (1). Es-

---

(1) El término «adopción» *huiothesia* puede tener dos interpretaciones distintas. El significado usual, es de un niño, que es tomado por una

ta herencia es tomada por la fe que saca a los hijos de la tutela de la ley a la libertad de miembros maduros de la familia de Dios. Se destacan cuatro consecuencias de esta nueva relación:

1.° Los hijos son emancipados de la ley, y no necesitan reconocer por más tiempo su directa autoridad.

2.° Los hijos pasan la linea divisoria que la ley traza entre judíos y gentiles. Toda clase de distinciones desaparecen en la nueva vida fraternal en Cristo (Gálatas 3:28).

3.° Como hijos que gozan de completa libertad vie-

familia con lo cual no tiene ninguna relación sanguínea, y al cual se dan todos los derechos y privilegios de un hijo legítimo, incluyendo la herencia. Este es el significado común en los papiros. Multon & Milligan, citan de uno de los papiros griegos (P. Oxy IX. 1206 I) el siguiente pasaje: «Yo, Heracles y mi mujer Isarion, de una parte, declaramos haber dado a nuestro hijo Pathermountis, de 2 años de edad, a Orión. Yo, Orión, de la otra parte, reconozco a Pathermountis como hijo mío propio, haciéndolo por lo tanto heredero de todos mis bienes».

Otra interpretación de la palabra *huiotesia* es el reconocimiento público de un hijo por parte de su padre, cuando éste le promueve a heredero universal. L. S. Chafer, en su libro *Sistematic Theology* (Dallas, Texas, Dallas Seminary Press, 1948, III, 242), interpreta el término con un significado completamente diferente al que se le da corrientemente. «Según costumbres humanas, la adopción es un acto por medio del cual un extraño viene a ser un miembro de la familia... Por otro lado la adopción divina... es principalmente un acto divino por el cual alguien que ya es hijo de Dios por el nuevo nacimiento del Espíritu, es hecho un adulto en su relación con Dios.»

La primera interpretación concuerda mejor con el uso que se hacía de la palabra *huiothesia* en el vernáculo de los días de Pablo, y tiene el apoyo de la mayoría de los comentaristas. La segunda interpretación, parece encajar mejor con el lenguaje del contexto y coincide bastante con otros casos del Nuevo Testamento. Todos ellos se dan en las epístolas paulinas: Gál. 4; Rom. 8:15-23; 9:14; Ef. 1:5. El dilema en la interpretación, es si Pablo se refería al uso corriente de la palabra o si la ha estado usando como un término técnico teológico, para denotar un nuevo concepto doctrinal. En cualquier caso su énfasis radica en la dignidad y permanencia de la herencia que el creyente posee en Cristo.

nen a ser herederos, con derecho a recibir todos los bienes que los recursos del padre pueden proporcionarles (Gál. 3:29).

4.° La consciencia de esta filiación es creada en cada corazón individual por el Espíritu Santo (Gál. 4:6).

La aparición de la simiente prometida, Cristo, trajo el cumplimiento de la promesa y la consecuente terminación de la ley. Tanto para los judíos como para los gentiles, El es la respuesta redentora al conflicto ético del hombre, ya que El, que era libre de la ley, nació bajo la ley para redimir a los que estaban bajo la ley, a fin de que pudieran recibir la adopción de HIJOS. La posición de madurez en Cristo es por tanto mucho mejor que la de infancia espiritual. ¿Por qué los Gálatas deseaban volver a las restricciones de la infancia cuando poseían la libertad de adultos?

El argumento del peligro del retroceso
4:8-11

En los siete primeros versículos de Gálatas 4 Pablo está refiriéndose a los judíos cuando dice: "Así también nosotros cuando éramos niños éramos siervos bajo los rudimentos del mundo" (Gálatas 4:3). La palabra nosotros, muestra que se incluye a sí mismo entre aquellos de quienes estaba tratando, y la repetición de este "nosotros" en el versículo 5, "para que redimiese a los que estaban bajo la ley a fin de que recibiéremos la adopción de hijos" indica que él había estado "bajo la ley". Solamente de los judíos podía decirse que estaban "bajo la ley" los gentiles no lo estaban (2). La palabra "rudimentos" en este pasaje (4:3) se refiere por consiguiente a la ley.

Sin embargo, en el párrafo siguiente (Gál. 4:8-11), la palabra rudimentos (3) se aplica a los gentiles pues Pablo dice: "Vosotros y no nosotros". Los gentiles eran, en primer lugar, ignorantes de Dios y estaban "en esclavitud sirviendo a aquellos cuya naturaleza no es de dioses". Semejante lenguaje podría difícilmente dirigirse a los israelitas que habían conocido la verdad de Dios y no servían a deidades paganas. Tanto los judíos como los gentiles miembros de la Iglesia de Galacia, habían vuelto a su pasado cuando volvieron a la ley para su perfección espiritual. Los "rudimientos" a que volvieron parecen ser la observancia de ceremonias. Semejantes ritos nunca podrían ser la realidad de las cosas espirituales. Solamente podían ser su sombra o tipo de ciertas realidades. "Los días, meses, estaciones y años" eran conmemoraciones de ciertas experiencias históricas o emblemas de momentos y ocasiones en que Dios se había manifestado benévolo con su pueblo, pero la celebración de estas ocasiones no llevaba a los celebrantes a una comunión más estrecha con Dios.

En cuanto a los gentiles, Pablo les acusa de haber vuelto atrás al viejo principio de observancias y obras rituales como medio de perfección espiritual: concepto dia-

---

(2) Romanos 2:14.
(3) Griego: *stoicheia*. La palabra original es «renglón» o «hilera» y se aplica a la lista de letras del alfabeto. Por consiguiente viene a significar el conocimiento rudimentario, o los principios de cualquier materia (Sf. Heb. 5:12). Moulton & Milligan cita F. H. Colson y W. H. P. Hatch, sugiriendo que la pabra *stoicheia* en Gál 4:3 y Col 2:8 puede referirse a los «siete planetas» o a los «poderes cósmicos personales», que los paganos reverenciaban bajo el nombre de tales planetas.

metralmente opuesto al principio de la salvación por gracia. Si los creyentes gentiles adoptaban el legalismo judío, tomarían el ceremonialismo judío como sucesor de su ceremonialismo pagano. El primero podía ser superior al segundo por su teísmo o creencia en un solo Dios y por su moralidad superior, pero ambos eran igualmente deficientes para reconciliar el pecador con Dios, o para perfeccionarle en el conocimiento de Dios.

Semejante retroceso del camino de la fe al viejo camino del ritualismo podía tener solamente un efecto dañino en las vidas de los Gálatas. No hay tinieblas espirituales más oscuras que las que son consecuencia de una luz rehusada. La vuelta a la esclavitud sería fatal para su progreso espiritual, y produciría un resultado completamente opuesto al que los gálatas buscaban al volver al legalismo para alcanzar la perfección.

El argumento del contraste de motivos
4:12-20

El párrafo contenido en los versículos 12 hasta el 29 inclusive, es un estudio comparativo de motivos. Si los gálatas estaban tratando de evaluar los mensajes de libertad y legalismo desde el punto de vista de los motivos de sus respectivos expositores y propagadores, Pablo tenía otro argumento a su favor para el llamamiento que les dirigía. Les pide que miren la cuestión desde su punto de vista, ya que él lo había tratado desde el punto de vista de ellos.

Les hace notar que les predicó desde el principio de su ministerio con debilidad corporal y no por ganancia, es decir, con sacrificio personal.

Ellos aceptaron entonces su mensaje como sincero y le habían escuchado con simpatía. No solamente no habían hecho caso de su desagradable apariencia motivada por una enfermedad que podía haberles llevado a avergonzarse de él, sino que le habían recibido como un ángel de Dios. Habían confiado en sus palabras y aceptado su mensaje. Desde aquel tiempo sus motivos no habían cambiado, ¿por qué tenían ahora que dudar de su sinceridad, y rehusar aquel mismo mensaje que habían acogido antes tan ardientemente bajo circunstancias menos favorables?

Por el otro lado, los motivos de sus opositores no soportarían un cuidadoso escrutinio. Su legalismo no era promovido por su pasión hacia la verdad, sino el resultado de soberbia religiosa. La obediencia estricta a la letra de la ley era mirada como una señal de superioridad. Todos los que no aceptaban el legalismo como clave de perfección estaban excluídos del reducido círculo de los justos, o eran conminados por tal exclusivismo, a buscar la perfección en los términos legalistas.

Mediante esta cadena de argumentos, Pablo, les aseguró que el amor era su único motivo para predicarles la libertad en Cristo, mientras que el motivo de los judaizantes para insistir en la circuncisión era su orgulloso exclusivismo.

El argumento por el contraste entre Libertad y Esclavitud
4:21-31

La interpretación literal de este párrafo se reserva para otro capítulo porque pertenece al tema de la alegoría. Sólo diremos aquí que su evidente propósito es éste: "Si

Agar, la esclava, representa el Sinaí, o sea, el lugar donde se dio la ley, y Sara, la esposa libre representa la fe, la esclava es inferior a la esposa y ha de ser rechazada, mientras la mujer libre retiene su lugar de honor. Del mismo modo el legalismo ha de ser repudiado y apreciado el camino de la fe. Y como el hijo de la sierva persiguió o se burlaba del hijo de la mujer libre, el legalista persigue al hombre de fe. Pablo osadamente afirmó que los creyentes son los hijos de la libre e hijos del Espíritu, mientras que los otros lo son todavía de la carne. Así que el creyente en Cristo tiene que repudiar las ataduras de la ley y vivir en la libertad del Espíritu.

Con este argumento final Pablo concluyó su defensa de la fe versus las obras, su llamamiento a los Gálatas era que reconsideraran sus pasadas relaciones con Dios para poder revaluar su situación presente. Apoyándose en la autoridad de las Escrituras, y con los precedentes históricos en ellas contenidos, verían estos cristianos que la doctrina de la justificación por la fe era anterior a la ley y se hallaba firmemente establecida como una verdad divina. Además, que prometía mayores bendiciones al creyente individual, el cual podía tomar su lugar como heredero de Dios y reclamar bendiciones que nunca podrían serle otorgadas bajo la ley. Abrazar el legalismo sería pues, no un paso adelante sino una vuelta al paganismo con sus fútiles ceremonias y abnegaciones inútiles. Los legalistas sólo buscaban conquistar seguidores. La alternativa ante los Gálatas era pues, libertad o esclavitud, y Pablo no escatimó esfuerzos para hacérselo comprender claramente y persuadirles de lo que era en su caso la recta elección.

EL ARTE DE EXPRESAR LA VERDAD

El Método Retórico

Capitulo VI

EL ARTE DE EXPRESAR LA VERDAD

EL METODO RETORICO

Ya que la Biblia es la Palabra de Dios para el hombre, sus verdades son expresadas en un lenguaje humano, para hacerlas comprensibles al hombre. Una revelación incomprensible no sería de ningún valor. La Verdad, para que sea efectiva, debe declararse en términos comunes; en frases que el pueblo use. Sin embargo, algunas veces no hay palabras para expresar con exactitud el significado de un concepto abstracto. Puede ser tan nuevo el concepto, que no exista vocabulario para expresarlo, o tan complejo que ninguna expresión lo pueda contener enteramente. Cuando esto ocurre, se emplean, generalmente, figuras de dicción o figuras retóricas, para declarar lo desconocido en términos conocidos.

Figuras de Dicción

Toda la gran literatura clásica contiene lenguaje figurado, y la Biblia no es una excepción. Algunas veces la vivacidad de una idea es elevada por el uso de una comparación, y el verdadero carácter de una persona o de algún concepto se pone de relieve por la figura empleada Las figuras espirituales abstractas han sido expresadas al principio del mejor modo por medio de metáforas, las cuales al correr del tiempo han dado lugar a términos teológicos. Pablo usó muchas figuras de lenguaje en Gálatas, y no pocas de las enseñanzas importantes de este libro son expresadas en un lenguaje simbólico. Ya que la interpretación correcta del libro depende de la comprensión de estas figuras, vamos a tratar unas pocas como ejemplo, para que el lector pueda encontrar otras e interpretarlas por sí mismo.

Clasificación

La clasificación de estas figuras de lenguaje es como sigue:

Figuras de color o expresión, determinadas por el uso de la imaginación, relacionando el hecho literal con su expresión figurada.

Figuras de forma, son las creadas por el uso y arreglo de palabras en su relación entre sí.

Figuras de analogía de palabras, no de pensamiento. Son aquellas cuya efectividad depende del parecido externo de las palabras empleadas, irrespectivamente de su significado.

Las figuras que dan colorido y vivacidad a la idea, son las más usadas en el libro de Gálatas, y las más fáciles de definir. Entre ellas hay

1.° *El Simil.* - Es una comparación expresada entre dos objetos materialmente ajenos el uno al otro.

2.° *La Metáfora.* - Una comparación entre dos objetos, sugerida por la substitución del nombre de uno por el del otro.

3.° *La Alegoría.* - Es un simil o metáfora extensa, en lo cual los detalles de la historia se forman con intención de que expresen un significado moral diferente del significado literal de los sucesos narrados.

4.° *La Metonimia.* - Es el uso de una palabra por otra sugerida por la primera, tomando el efecto como causa o la causa por efecto.

5.° *La Sinécdoque.* - Es el uso de una parte para representar el todo, o del todo para referirse a una parte.

6.° *La Hipérbole.* — Es una exageración para promover el énfasis.

Las figuras de forma pueden multiplicarse casi indefinidamente en cualquier trozo de literatura, si a cualquier desvío del literalismo estricto lo llamamos figura. Los retóricos Griegos tenían un nombre para casi cada cambio de pensamiento, pero solamente cinco merecen mención en Gálatas.

1.° *La Ironía.* - O sea una declaración contraria al hecho existente, para poner énfasis en aquello que se quiere decir o enseñar.

2.° *Litotes.* - La afirmación de un hecho por la negación de su oponente.

3.° *Meiosis.* - Es una verdad que se da por sobreentendida para hacerla más enfática, o sea, lo opuesto de la hipérbole.

FIGURAS DE LENGUAJE EN GALATAS

FIGURAS	LAS DIVISIONES DE GALATAS				
Figuras de color	Introducción 1:1-9	I. El argumento biográfico 1:10-2:21	II. El argumento teológico 3:1-4:31	III. El argumento práctico. 5:1-6:10	Conclusión 6:11-18
I. Símil			3:6 así como Abraham 4:3 así también nosotros 4:14 me recibisteis como un ángel		
II. Metáfora		1:10 esclavo de Cristo* 2:9 columnas	3:1 fascinó presentado claramente 3:13 nos redimió 3:24 tutor 3:27 vestidos 4:8 servíais 4:19 de parto	5:1 yugo de servidumbre 5:3 deudor (griego) obligado a guardar (trad. española) 5:7 corríais bien 5:9 levadura 5:11 tropiezo 5:13 siervos 5:15 coméis y mordéis 5:16 andad 5:22 fruto del Espíritu 6:5 carga 6:7 siembra y cosecha 6:10 domésticos de la fe	6:17 las marcas
III. Alegoría			4:21-31 dos hijos		
IV. Metonimia		1:22 iglesias de Judea 2:9 circuncisión	3:13 árbol 3:19 semilla		6:12 cruz de Cristo
V. Sinécdote		1:16 carne y sangre 2:16 carne	3:1 ante cuyos ojos	5:13 carne	
VI. Hipérbole	1:8 nosotros o un ángel del cielo		4:15 os abriais arrancado los ojos	5:12 ojalá se mutilasen	
Figuras de forma					
1. Ironía			4:18 bueno es mostrar celo		
2. Lítotes			4:17 tienen celo por vosotros, no para bien..	5:10 no pensaréis de otro modo	
3. Meiosis				5:23 contra tales cosas no hay Ley	
4. Eufemismo				5:12 Se mutilarán	
5. Pregunta retórica	1:10 ¿busco ahora agradar a hombres o a Dios?		3:1 ¿Quién os fascinó? 3:2 ¿Recibisteis el Espíritu? 3:3 ¿Tan necios sois? ¿Ahora os perfeccionáis? 3:4 ¿Habéis padecido? 3:5 ¿Lo hace por las obras de la Ley? 3:21 ¿Luego la Ley es contraria? 4:15 ¿Donde está vuestra bienaventuranza? 4:16 ¿Heme hecho vuestro enemigo?	5:7 ¿Quién os embarazó?	

4.° *Eufemismo*. - Es la substitución de una expresión suave por un término que puede ser violento o descortés, a pesar de no serlo el hecho literal que se quiere expresar.

5.° *Pregunta Retórica*. - Es una cuestión que queda sin respuesta para atraer la atención del oyente.

Las figuras de color y de forma, son corrientes en casi toda la literatura y pueden reproducirse en las traducciones. Aparecen en Gálatas y pueden notarse rápidamente en el texto español.

Las figuras de la tercera clasificación no son traducibles, porque el parecido de dos o más palabras del griego no significa necesariamente que los términos españoles de su traducción serán iguales. Por tanto, las figuras de analogía de palabras, son omitidas deliberadamente, porque no tendrían explicación en nuestro idioma.

Distribución de las figuras retóricas

El gráfico que acompaña, no es un catálogo completo de todas las figuras de lenguaje que aparecen en Gálatas, pero incluye la mayoría de las más importantes. Los pasajes no son citados completamente, pero se da una corta frase, o palabra cogida al vuelo, para que puedan ser identificadas a primera vista. Las principales divisiones del bosquejo se hacen de tal manera que la distribución de figuras en las varias secciones de Gálatas aparezca claramente.

El mayor número de figuras se encuentra en los argumentos prácticos y teológicos, en los cuales Pablo utilizó cualquier método eficaz para convencer a los Gálatas de su error. Eran las armas intelectuales con las cuales

Pablo atacó la posición de los enemigos de la verdad. No eran ornamentos para la decoración retórica de su escrito, sino medios útiles de combate. Las figuras de lenguaje ofrecen amplios caminos, o sea útiles sugerencias para entrar en el estudio del argumento de la carta a los Gálatas.

En primer lugar, dan una idea de la mente y temperamento del autor. El mayor número de sus metáforas fueron tomadas del orden social establecido en sus días. Pablo no utilizó ilustraciones de la naturaleza, como las que aparecen en los discursos de Jesús, ni se refirió a la vida agrícola, como hizo Santiago. Varias de sus metáforas están tomadas de la institución de la esclavitud (1:10; 5:1, 13) otras de la vida familiar (6:10), una, al menos, fue sacada de lo que eran en aquel tiempo prácticas supersticiosas de la religión pagana: el hipnotismo; otra, de los vestidos (3:27); otra, de los marinos; otra, de los atletas (5:7). En estas figuras se expresan los diversos intereses y conocimientos de Pablo. Generalmente, las ilustraciones que un hombre usa son aquellas que brotan de su ocupación, o de la observación personal de aquello que le rodea. Las de Gálatas muestran que el ambiente de Pablo, era principalmente urbano.

Con todo, estos recursos, no se emplean artificialmente por el solo hecho de buscar efecto. Encajan naturalmente en el argumento de la epístola, e iluminan sus más complicados giros de pensamiento. Si se quitaran todas las figuras de lenguaje, el libro de Gálatas sería mucho más prosaico y menos fuerte en aquellos puntos principales donde la viveza es más necesaria para atraer al lector a la verdad que el libro se empeña en sostener. Como puede verse en el gráfico, aparecen en la epístola dos grupos de estas figuras. Una, es una serie de citas retóricas, el principio del capítulo tercero. Después de demostrar que su carrera personal estaba en completo acuerdo con la doctrina de la justificación por la fe, Pablo trató de llevar a sus lectores a pensar en sus propias necesidades. Quiso presentar el tema lo más agudamente posible. La rapida sucesión de seis figuras retóricas, como toques de diversas trompetas, definen el tema del debate y declaran el criterio que debiera prevalecer. Sí, como es más probable, las epístolas hubiesen sido leídas en la iglesia en vez de por los miembros individuales uno tras otro, las preguntas serían de mayor efecto.

El segundo grupo de figuras es una larga serie de metáforas en el capítulo quinto entre los versículos 1 y 22. A su alrededor se forma el argumento práctico de Gálatas. Ilustran los puntos principales del argumento en relación con la conducta cristiana. La emancipación de la ley como principal motivo de una nueva y productiva vida espiritual; la relación de tales personas emancipadas entre sí, y los efectos contrastados del andar en la carne y del andar en el Espíritu.

El valor de las particulares figuras de lenguaje se tratan en los próximos párrafos, presentando un ejemplo de cada una de las clases mostradas en el grafico. No nos proponemos exponerlas todas, pero damos tan solamente unos pocos ejemplos para demostrar el método de interpretación retórica.

Ejemplos de figuras de expresión

1.ᵒ Símil.

"Y me recibisteis como un ángel del cielo" (4:14).

Este símil tiene lugar en la reprimenda de Pablo a los Gálatas por su cambio de actitud hacia él. En su primera visita, ocasionada por una enfermedad, que le hizo aparecer de la peor forma, le habían recibido como si fuera un ángel de Dios. Quizá estaban pensando en la narración de Génesis 18 respecto a la amigable recepción de Abraham a los dos viajeros angélicos, o quizás estaba usando este símil sin ninguna alusión a historias del Antiguo Testamento. En cualquier caso implica que los Gálatas le honraron como a un invitado de distinción y habían prestado gran respeto a su autoridad espiritual. En cuanto al apóstol sus sentimientos para con ellos no habían cambiado, pero la perversa actitud de ellos queda reflejada en la gran vivacidad de su pregunta: "¿Heme, pues, hecho vuestro enemigo diciéndoos la verdad?" (4: 6).

2.ᵒ Metafora.

"Estad, pues, firmes en la libertad con que Cristo nos hizo libres, y no volvais otra vez a ser presos en el yugo de servidumbre" (5:1).

Una de las metáforas más vivas de Pablo es el término "yugo de servidumbre" que se aplica al legalismo. Esta palabra aparece seis veces en el Nuevo Testamento, dos en Mateo 11:29, 30, donde es una figura de disciplina y del instrumento por el cual el esfuerzo se convierte en trabajo útil, tres veces en Lucas, y otros escritos Paulinos (Hechos 15:10; Gál. 5:1 y 1 Timoteo 6:1) donde se refieren a la liberación de la esclavitud; y una vez en Apoc. 6:5, donde la misma palabra griega se traduce por "balanza".

El pasaje de Hechos 15:10, es paralelo a Gálatas 5:1, porque allí Pedro aplicó el término a la ley como "un yugo... que ni vosotros ni vuestros padres pudieron llevar". Tanto en Hechos como en Gálatas, la figura del yugo representa una carga insoportable que esclaviza y aplasta. Gálatas 5:1 es la esencia de todo el argumento de la epístola, concentrado en una aplicación final, donde esta vigorosa metáfora se hace muy convincente.

3.° ALEGORIA.

"Decidme, los que queréis estar debajo de la ley, ¿no habéis oído la ley? Porque escrito está, que Abraham tuvo dos hijos, uno de la sierva, el otro de la libre. Mas el de la sierva, nació según la carne; pero el de la libre nació por la promesa. Las cuales cosas son dichas por alegoría: Estas mujeres son los dos pactos; el uno ciertamente es el monte Sinaí; el cual engendró para servidumbre, que es Agar, porque Agar o Sinaí, es un monte de Arabia, el cual es conjunto a la que ahora es Jerusalén, la cual sirve con sus hijos, mas la Jerusalén de arriba, libre es; la cual es madre de todos nosotros.

Porque está escrito: Alégrate, estéril, que no pares, prorrumpe y clama, la que no estás de parto; porque más son los hijos de la dejada que de la que tiene marido.

*Así que, hermanos, nosotros como Isaac, somos hi-
jos de la promesa. Empero como entonces el que era en-
gendrado según la carne, perseguía al que había nacido
según el espíritu, así también ahora. Mas, ¿qué dice la
Escritura? Echa fuera a la sierva y a su hijo, porque no
será heredero el hijo de la sierva, sino el hijo de la libre.
De manera, hermanos, que no somos hijos de la sierva,
mas de la libre".*

Uno de los puntos de más controversia en la exége-
sis de Gálatas es la alegoría de 4:21-31. ¿Es original de Pablo, o la sacó del fondo rabínico en que se había criado?
¿Quería decir con la cláusula "las cuales cosas son dichas
por alegoría" (4:24) (1) que el texto de Génesis es una alegoría y no una historia verídica, o bien que lo había usado simplemente él mismo alegóricamente para mostrar
una verdad espiritual? ¿Es que trató de establecer la
idea de que todo el Antiguo Testamento era, o debía ser
interpretado, alegóricamente, o que su verdadero significado podía ser comprendido alegóricamente interpretán-
dolo así? o ¿usó la alegoría simplemente porque era un
artificio común en sus días que sus lectores entenderían
más pronto que mediante el argumento abstracto, a pesar
de que podía usar sin duda argumentos lógicos más con-
vincentes?

En respuesta a esas preguntas debe recordarse que el
método rabínico de interpretación iba a menudo al extremo de sacar conclusiones reales o sofísticas de la verdad
histórica, y que la enseñanza judía de la escuela mística

---

(1)   Griego: *alleyororoumena.* Usada solamente en el N. T. Para más
información sobre el tema, véase Burton, 254-57.

recurría con frecuencia a la interpretación alegórica. Pablo no usó alegorías tan a menudo, y siempre que lo hizo fue sin aplicarles interpretaciones extremas o fantásticas. Argumentó a menudo refiriéndose a precedentes históricas, como en Gálatas 3, de la historia de Abraham, y algunas veces, su interpretación filológica parece a primera vista un poco forzada, como en este caso, su distinción entre semillas y semilla. No dice "a tus simientes, como de muchos, sino como de uno. "Y a tu simiente, la cual es Cristo" (3:16). Pablo fue parco en echar mano de la técnica alegórica, usada con tanto abuso por Filón de Alejandría, y más tarde por Orígenes, y sus conclusiones están libres de los extremismos a que llegaron aquéllos, según vemos en sus escritos.

La alegoría en este pasaje, es introducida por medio de dos declaraciones explicatorias:

"Decidme, los que queréis estar debajo de la ley ¿no habéis oído la ley?" (4:21).

"Las cuales cosas son dichas por alegoría: porque estas mujeres son los dos pactos; el uno ciertamente es el Monte Sinaí, el cual engendró para servidumbre, que es Agar". (4:24).

La primera declaración, indica que la alegoría no es para ser impuesta a la narración histórica como una chaqueta estrecha, en un intento de forzarle a decir lo que no dice. Por el contrario, Pablo sintió que, por la aplicación alegórica de la narración de Génesis, estaba esclareciendo la verdad espiritual inherente en el pasaje. De ningún modo quiso significar que la historia literal fuera falsa, por el contrario, acepta su realidad cuando dice: "Porque escrito está, que Abraham tuvo dos hijos, uno de la sierva y otro de la libre" (Gál. 4:22).

La segunda declaración, debe interpretarse por lo tanto como queriendo significar que el principio establecido en el hecho histórico podría aplicarse del mejor modo a la crisis sobrevenida a las Iglesias de Galacia, haciendo de sus personajes elegidos símbolos de los dos pactos, el de la ley y el de la gracia. El hijo de Agar, que era la sierva, estaba bajo la ley de la esclavitud. Su hijo nació bajo la ley, por el deseo de Abraham de tener generación natural, más que como don, y por voluntad de Dios (2). Sara, la esposa legítima y libre, tuvo su hijo como resultado de la gracia milagrosa de Dios. Como el hijo de la sierva no podía aspirar a la herencia del padre después que fue nacido milagrosamente el hijo de la mujer legítima, asimismo los que tratan de obtener la vida espiritual por la ley no tienen parte en las riquezas que son dadas a los herederos de la promesa. Además, como el hijo de la sierva se burló del hijo de la legítima (3), se puede esperar hostilidad entre el legalista y el creyente en la gracia.

El valor de esta alegoría con referencia al argumento práctico es doble:

1.° Refuerza el principio de la gracia por una cita de la Torah, que era la principal autoridad legalística: y

2.° Emplea el mismo método de interpretación que los judíos y la escuela rabínica usaban con tanta frecuencia. Si los judaizantes se apoyaban sobre alguna alegoría

---

(2) Véase Gál. 4:23. Griego: *kata sarka* «según la carne». Véase Rom. 1:3, donde *kata sarka* se refiere al nacimiento físico.

(3) Véase Gál. 4:29 y Gén. 21:9.

de la ley para sus propósitos, Pablo les respondió por su propio método, así como el Señor respondió a los saduceos con citas de los libros de Moisés, única escritura que ellos tenían por inspirada (Mat. 22:23-37).

4.ᶜ METONIMIA:

"Mas lejos esté de mí gloriarme, sino es la cruz de nuestro Señor Jesucristo, por el cual el mundo me es crucificado a mí, y yo al mundo" (Gál. 6:14).

Quizás la mejor ilustración de *metonimia* en Gálatas es la palabra cruz (5:11; 6:12, 14). El uso de Pablo de este término fue raras veces literal, aunque por supuesto se refería en su forma figurada a la realidad histórica. Solamente en dos o tres pasajes (Fil. 2:8; Col. 1:20; 2:14) pareció referirse directamente a la cruz material de madera; y aun en estos ejemplos fue para puntualizar su significado espiritual.

En Gálatas, la palabra "cruz" se refiere a todo lo relacionado con la muerte de Cristo, Pablo habló del "escándalo de la cruz" (5:11) ser "perseguido por la cruz de Cristo" (6:12), y de "gloriarme en la cruz de Nuestro Señor Jesucristo" (6:14). En cada uno de estos pasajes, se refiere al principio doctrinal, o sea el conjunto de verdades espirituales que tienen su base y apoyo es el hecho material de la crucifixión del Señor.

El tropezadero de la Cruz, significa literalmente "el escándalo de la cruz". La palabra griega *skandalon,* traducida "tropezadero", significa originalmente "el gatillo de una trampa". Se refiere a cualquier cosa que pueda traer embarazo o vergüenza sobre una persona. El lenguaje de Pablo, implica que la muerte de Cristo levantaba una reacción en las mentes, tanto de Gentiles como de Judíos, que a menudo les apartaba de Cristo. "Si tal Maestro o profeta —se dirían— fue puesto a la muerte por el método usualmente reservado a esclavos y criminales, ¿cómo podía ser considerado como usa persona justa bajo la bendición de Dios? Si fue incapaz de salvarse a sí mismo de las manos de sus enemigos, ¿cómo podía salvar a los hombres por sus méritos y por su relación con Dios?". A causa de la cruz sus llamamientos eran increíbles para el Judío, que le juzgaba como bajo maldición por haber sido colgado de un madero (4), y asimismo eran inaceptables para los Gentiles que tenían la idea de un Salvador crucificado como enteramente irracional (5).

En Gálatas 6:12, usa el término "cruz", como símbolo de todo el sistema de creencias cristianas, y en particular, de la idea de salvación por gracia. Si se acepta la cruz como el método de Dios para salvación, toda la justicia humana queda desvalorizada, y las obras buenas son fútiles como medio de asegurar la salvación. La cruz las condena todas. Naturalmente, semejante actitud ante las obras humanas, es un golpe al orgullo humano, y el orgullo herido se venga con persecución. Los que no quieren sobrellevar esta persecución buscan algún camino de evadir la doctrina de la cruz y su aplicación a sus vidas. Esto explica el esfuerzo judaizante, no sólo para zafarse ellos mismos, sino para convencer a otros a seguirles.

---

(4)   Véase Gál. 3:13.
(5)   Véase I Cor. 1:22-24.

El tercer y último uso de esta *metonimia* en Gálatas se encuentra en el Cap. 6:14: *"Mas lejos esté de mí gloriarme sino en la cruz de nuestro Señor Jesucristo, por la cual el mundo me es crucificado a mí y yo al mundo"* Para Pablo la cruz no era un símbolo de vergüenza sino de liberación, porque resolvía tan completamente el problema del pecado y de la carne, su valor trascendía en mucho al del legalismo, simbolizado por la circuncisión. La cruz trataba con la vida interior; la circuncisión invocada por los judaizantes afectaba solamente a la carne en el sentido material y externo. Pablo no se gloriaba de su propia justicia, sino en la cruz de Cristo, por El y en El; y el conjunto de semejante obra es expresado en la palabra "cruz".

5.° SINECDOQUE.

"Luego no conferí con carne y sangre" (1:16).

Sinécdoque es una figura común en el hablar diario. Decimos "manos" en vez de obreros; "tropa" en vez de soldados y "cerebros" en vez de eruditos. Se usa solamente unas pocas veces en Gálatas. El más sorprendente de estos ejemplos se encuentra en 1:16, donde Pablo dice que después de su conversión "no confirió con carne y sangre". Por esta frase significa personas humanas en su sentido tangible y corporal. En todos aquellos lugares donde se emplea esta frase particular en el Nuevo Testamento, indica generalmente, la idea de mera humanidad, como diferente de la deidad, o de cuerpos sobrenaturales (6).

---

(6)   Véase Mat. 16:17; Juan 1:13; I Cor. 15:50; Efe. 6:12; Heb. 2:14.

El argumento completo de Pablo en Gálatas 1:16, es que no debió su mensaje a ninguna fuente humana o secundaria, sino que lo había recibido directamente por la revelación que Dios le había enviado. Este uso de la sinécdoque sirve para contrastar y hacer más enfático el argumento.

6.° HIPERBOLE.

"Mas aun si nosotros o un ángel del cielo os anunciare otro Evangelio del que os hemos anunciado, sea anatema" (1:8).

El uso de la hipérbole, que es una exageración para impresionar, puede esperarse naturalmente en una epístola tan importante y vehemente como Gálatas. Los controversistas raramente usan un lenguaje moderado: y Pablo ciertamente lo era. Solamente tres ejemplos de hipérbole directa pueden encontrarse en Gálatas, (7) de los cuales el primero es el mejor ejemplo.

Con toda probabilidad Pablo no esperaba que un ángel del cielo bajara a predicar a los Gálatas, y aún menos que tal mensajero les predicara el mensaje judaizante. Usa esta extravagancia para puntualizar que la verdad es superior a la personalidad, y que el mensaje que estaba predicando debía permanecer inviolable, sin importar lo que proclamaran sus opositores. Su verdad era tan inalterable que cualquier cosa que se le opusiese merecía maldición.

---

(7) Gál. 1:8; 4:15; 5:12. Véase gráfico.

Figuras de forma
1. Ironia.

"Bueno es ser celosos en bien siempre: y no solamente cuando estoy presente con vosotros" (4:15).

La ironía aparece solamente en el texto tratado arriba, y de una forma muy suave. Se refiere al entusiasmo de los Gálatas en la primera visita de Pablo. Evidentemente lo recibieron gozosos y lo trataron con todos los honores. Su enfermedad física, que le podía hacer naturalmente repulsivo a ellos, no les previno de escuchar su mensaje y aceptarlo. Después de su partida, otros recién venidos habían cortejado su atención con tanto celo que se olvidaron de Pablo. Les recordó que debían ser fieles a la amistad, en su ausencia como en su presencia. La declaración de tal principio es un recuerdo irónico de lo que no habían hecho. Esta ironía se acerca mucho el sarcasmo, por ser indirecta; no es la ironía dramática de las tragedias griegas.

2. Litotes.

"Tienen celo por vosotros, pero no para bien" (4:17).

Litotes es la afirmación de una verdad negando lo contrario. Frecuentemente lleva consigo el propósito de rebajar el valor de una declaración positiva. Decir que "X" no es un mal hombre no es tan convincente como decir que es un buen hombre. Cuando Pablo describió a los judaizantes como que tienen "celo por vosotros pero no en bien" implica que los judaizantes eran hipócritas y que sus reales motivos de amistad hacia los Gálatas eran innobles (8).

3.ª MEIOSIS.

"Contra tales cosas no hay Ley" (5:23).

Meiosis, es exagerar en menos con el propósito de impresionar. Lo opuesto de la hipérbole. La última cláusula de Gálatas 5:23, es una disminución de la verdad que Pablo estaba buscando ponderar. Si hubiera dicho que los frutos del Espíritu estaban de acuerdo con la Ley, o que cumplían la Ley, su declaración hubiera sido menos poderosa y enfática que lo que se adivina en esta figura de lenguaje. ¿Cómo podía haber una ley contraria a las cualidades que se enumeran aquí?: Amor, gozo, paz, tolerancia, bondad, fe, benignidad, mansedumbre, templanza? Estas cualidades no pueden de ningún modo estar en conflicto con los requerimientos de la ley de Dios: por el contrario la cumplen a la perfección.

4.ª EUFEMISMO.

"Ojalá fuesen también cortados los que os inquietan" 5:12.

En los escritos paulinos, el eufemismo aparece ocasionalmente, cuando algún acto o situación necesita ser expresado en términos más suaves que de costumbre. La ver-

---

(8) La versión de Nácar Colunga aclara muy bien esta figura retórica traduciendo: «Os cortejan, no para bien; lo que pretenden es apartaros de mí, para que luego vosotros los cortejéis a ellos».

sión española Reina-Valera de Gálatas 5:12, presenta un eufemismo oscuro, pues no expresa con la claridad del texto griego la idea de ser mutilados y hechos eunucos (9). La idea irónica de Pablo es que los que tanto insistían en la circuncisión, podían ir más adelante y mutilarse, a imitación de ciertos sacerdotes paganos que lo practicaban como acto de culto y consagración a sus dioses. Algunos comentaristas han censurado a Pablo por este agrio lenguaje y sentimientos (10). Evidentemente su idea es de que, aquellos que insistían en el ritualismo como medio de salvación, podían ir atrás todo el camino hasta caer de nuevo en el ritualismo legalista pagano. El lenguaje trató de manifestar un profundo disgusto, más que expresar un maligno propósito.

5.ª CUESTION RETORICA.

"Porque persuado yo ahora a los hombres o a Dios?, o ¿busco de agradar a los hombres? Cierto que si todavía agradara a los hombres no sería siervo de Cristo".

El uso de preguntas retóricas ha sido ya explicado un poco en la definición general de figuras de lenguaje (10). Semejantes preguntas agitan el pensamiento del lector haciéndole formular una respuesta en su fuero interno. Pablo conocía perfectamente bien las respuestas a estas cuestiones, y formula la pregunta tan sólo para ha-

---

(9) Nácar y Colunga traducen: «¡Ojalá se castraran del todo los que os perturban!»

(10) A. Lukyn Williams, Galatians in Cambridge Greek Testament (Cambridge University Press, 1914), 117.

cer pensar a sus lectores. La respuesta obvia a tales preguntas es "No".

Por esta exposición de preguntas retóricas puede verse hasta qué punto depende de ellas la fuerza de cualquier argumento. Viene a ser el medio para describir la verdad ante las mentes de los hombres.

LA TECNICA DEL ESTUDIO POR TEMAS

El Método Tópico

Capítulo VII

LA TECNICA DEL ESTUDIO POR TEMAS

EL METODO TOPICO

En cada uno de los libros de la Biblia se extiende una trama de estructura tópica. Algunas veces el tema es el asunto principal del libro: otras veces es accidental al asunto general. Sin embargo, en la Biblia ningún tema, ni aun aquellos que ocurren casualmente, es sin importancia o consecuencia. A menudo el más accidental es realmente fundamental porque es algo que el autor da por supuesto, y tal suposición demuestra que es una idea o doctrina básica en la mente del autor.

La naturaleza del estudio por temas

El método tópico de estudio es de gran valor porque provee el medio por el cual se puede seleccionar un tema de los muchos que ocurren en un libro de la Biblia, para poder estudiarlo separadamente en relación con su contexto. Cuando semejante tema es de naturaleza teológica, el estudio tópico viene a ser principalmente doctrinal y es considerado como una parte del estudio teológico: cuando el tema es una persona, el estudio es biográfico.

Son posibles dos sistemas de estudio tópico. El método directo, que es el más fácil, consiste en seleccionar alguna palabra o frase por sus ocurrencias verbales. De esta manera queda clasificada dicha frase, al igual que en una concordancia, por su orden de aparición en el texto. Las referencias de la lista pueden clasificarse luego de acuerdo con un plan, analizándolos para obtener una definición del concepto que expresa y mostrar así sus varios significados. El concepto general resulta entonces de la integración de estos usos y significados con su aplicación.

El método indirecto sigue el mismo sistema, pero en este caso lo que se trata de seleccionar son ideas similares, más bien que palabras. En el primer caso, una palabra encierra el tema, en el último se necesitan varias palabras.

Ya que la mayoría de estudios tópicos se hacen por el método directo, el ejemplo que aquí ofrecemos es de esta clase. Para evitar trivialidades, debería investigarse ante todo la importancia del tema en el libro de la Biblia que está siendo estudiado, y su pertinente aplicación a las necesidades de nuestros días. El estudio tópico incluye pues: 1.º Una selección de materiales preferentes a un tema dado. 2.º La definición de dicho tema mediante el material coleccionado; y 3.º Clasificación de los usos de tal expresión en su relación con el tema. 4.º Relación de tales expresiones con el contexto y 5.º Conclusiones a sacar de los referidos procedimientos.

Un ejemplo de estudio tópico:

La colección del material

Como ilustración de esta clase de estudio presentamos el uso del término "ley" en el libro de los Gálatas.

Definición del tema

La palabra "ley" en griego *nomos,* es uno de los términos más importantes de Gálatas. No se encuentra en la introducción, pero en tres secciones principales del libro aparece 31 veces y una en la conclusión. Su uso es mas frecuente en el argumento teológico, donde naturalmente el tema es más significativo.

El significado del término es claramente definido en Gálatas 3:17, donde la ley es identificada con el código mosaico, de principios espirituales, morales y ceremoniales dado 430 años después de Abraham. En el capítulo 3:10 se hace alusión al "libro de la Ley", evidentemente la Torah, o sea el Pentateuco. En aquellos pasajes donde la palabra "nomos" va acompañada del artículo definido, se refiere a la ley judía escrita en el Antiguo Testamento.

Clasificación de su uso

La palabra "ley" se emplea también sin el artículo en Gálatas, principalmente, en ciertas frases escogidas que tienen su significado especial. La ausencia del artículo significa que se hace énfasis en la cualidad del concepto más que en su identidad, a pesar de que su contexto continúa refiriéndose a la ley Mosaica, en la que se halla incorporado tal concepto (1). En este segundo caso la palabra "ley" se refiere más bien al sistema o código, en su modo de ser o sentido moral que a cualquier documento material. Uno de estos usos es *ex ergon nomou* que se halla traducido en nuestro Nuevo Testamento por "las obras de

---

(1) Véase Roberston. «En general, cuando la palabra «*nomos*» es «*anarthrous*» en los escritos de S. Pablo, se refiere a la «Ley Mosaica».

la ley". Su traducción exacta sería *"por ley obras"* (que no tendría sentido en buen español). Seis veces aparece esta frase (2). En tres ocasiones es usada para asegurar que el hombre no es justificado por las obras de la ley, mientras que en dos de las tres restantes implica que ni la recepción del Espíritu Santo, ni el obrar milagros (evidencia indubitable de vida espiritual en las comunidades cristianas de aquella época) habían ocurrido como resultado de guardar la ley. El sexto uso de esta frase expresa origen más que agente "los que son de las obras de la ley". Aquellos que dicen que pueden ser justificados sobre fundamentos legalísticos son caracterizados por esta frase como bajo la maldición de la ley, ya que no han sido capaces de cumplir todos sus requisitos.

Una frase similar, "ek nomou" traducida "de la ley" se encuentra dos veces: en Gálatas 3:18 y 3:21. Como "ex ergon nomou" implica agencia o fuente. Gálatas 3:18 niega la posibilidad de que la herencia cristiana pueda obtenerse por la ley. Gálatas 3:21 niega que la justicia pueda ser derivada de la ley. Ambos excluyen a la ley como fuente de la vida cristiana.

Una expresión paralela "por la ley (en griego *dia nomou*), se encuentra dos veces. La expresión difiere más en origen que en significado ya que *dia nomou* implica agencia por mediación. Dos veces se encuentra en el sexto de Gálatas, en 2:19, donde Pablo dice: "Porque yo por la ley soy muerto", y en 2:21, "porque si por la ley fuese la justicia por demás murió Cristo". La primera declara un hecho, la segunda una hipótesis que es realmente contraria al hecho. La una ilustra que la ley ha cumplido su ob-

----

(2)   Gálatas 2:16 (tres veces), 3:2, 3:5, 3:10.

jetivo llevando la carne a la muerte, la segunda puntualiza aquello en lo cual la ley falló, o dejó hacer. Estas dos
ideas y la declaración de que la ley no es un medio de
justificación, comprenden la total discusión del asunto en
la sección biográfica de Gálatas. Anuncian el tema principal de Gálatas, y definen los conductos biográficos y
teológicos por los cuales se forma el argumento.

La frase "por la ley" (del griego *en nomoi*) o más literalmente "en la ley", se encuentra dos veces, 3:11 y 5:4.
No se refiere tanto al medio como a la esfera de la opera-
ción. *"Ya que es evidente que ningún hombre es justificado en la esfera de la ley delante de Dios"*, podría ser una
buena traducción del texto 3:11. El cambio de énfasis de
la fuente o agencia al medio ambiente o esfera, es indicado por la preposición "en" (3). El creyente en Cristo es
levantado totalmente a un nuevo plano superior de vida.
Y no obra dentro de las restricciones de la ley, sino que
es emancipado de ella.

La idea de subjección o limitación es expresada aun
por otra frase, "bajo la ley" del griego *hypo nomon,* la
cual se usa cinco veces en el texto (4). La primera de estas definiciones está propiamente ilustrada por la figura
que sigue. Estar "bajo la ley" es comparado al estado de
un menor de edad, que se halla virtualmente en esclavitud
mientras no puede ser reconocido públicamente por su
padre como heredero de la familia, confiriéndole con ello
la libertad de un adulto. Significa, pues, que la persona
se halla sujeta a la ley para que pueda serle dado por fin

---

(3) Como una buena ilustración de este uso en otros escritos paulinos, véase Romanos 2:12.

(4) Gálatas 3:23, 4:4, 4:5, 4:21, 5:18.

el derecho de una plena libertad en Cristo. La ley llena la función de un guardián o de un preceptor que guarda al presunto heredero de las indiscreciones juveniles, y le educa para el día que estará en posesión de obtener su herencia. La entrada a la posesión de la herencia es por Cristo, quien se sujetó a sí mismo "bajo la ley" para que por su redención pudiera hacernos hijos de Dios.

La relación del tema con el texto

La relación de este aspecto de la ley con la estructura general de Gálatas aparece cuando el desenvolvimiento del tema se compara con un bosquejo general de la epístola. Puede observarse que no se encuentra ninguna alusión a la ley en la introducción, donde Pablo hizo énfasis en el Evangelio que predicaba. Su presentación de la verdad era preferentemente positiva más que negativa; y procuró que su argumento, en este punto de vista, fuera más bien una defensa de la justificación por la fe que un ataque al legalismo.

El argumento biográfico

Los seis primeros usos del término "ley" están en la parte final del argumento biográfico, en el lugar donde Pablo finaliza la narración de su controversia con Pedro, en Antioquía. Estos usos muestran el significado que se da a la ley en Gálatas. Los tres primeros (2:16) enfatizan la inutilidad de la ley como sistema de salvación por las obras; la cuarta y la quinta (2:19) declaran suscintamente la relación del creyente con la ley; y la última, fórmula en vigorosas palabras la proposición que resume el argumento completo de Gálatas: "Porque si por la ley fuese la justicia, entonces por demás murió Cristo". El conflicto sobre la ley y la gracia es así contemplado desde sus aspectos, teológico, personal y lógico. Teológicamente, la salvación no puede ser a la vez por la ley y por la gracia; personalmente, la liberación de la ley debe ser real en la vida del creyente; y lógicamente, si la observancia de la ley pudiera otorgar completa santidad, la muerte de Cristo sería innecesaria.

El argumento teológico

El principal desenvolvimiento del tema está entretejido con el argumento teológico del libro y difícilmente puede separarse de él. Sin embargo los dos no son idénticos, y la interpretación del concepto de Pablo acerca de la ley puede tratarse aparte del método textual.

Desde el cap. 3:18 se demuestra que la ley es de valor negativo en el desarrollo de la experiencia cristiana.

1.° La observancia de la ley, no traerá la promesa del Espíritu Santo a la vida personal de cada uno (3:2).

2.° La observancia de la ley, no es la clave para el constante poder milagroso que Dios concedía en aquellos días a la Iglesia (3:2).

3.° El intento de cumplir la ley, solamente sirve para situar a los hombres bajo una maldición: porque deben cumplir sus requerimientos de un modo perfecto a menos de que quieran sufrir el juicio por sus faltas. La ley significa, perfección o juicio (3:10).

4.° La ley no puede restaurar al hombre al lugar de favor con Dios una vez que ha pecado (3:11).

5.ª No puede conferir la herencia del Pacto que el hombre justificado debe poseer (3:18).

De esta descripción de la impotencia de la ley para redimir al hombre del delito y la esclavitud de su pecado, el autor vuelve a una discusión del valor positivo de la ley. "¿Qué es pues la ley?" pregunta, y entonces se apresura a responder a su propia pregunta diciendo que la ley es un expediente temporal introducido para restringir la maldad humana hasta el cumplimiento del tiempo, cuando vendría la simiente prometida (Gál. 3:19). Produjo la convicción de pecado en los hombres por su alto tipo de santidad: y por sus amonestaciones, hizo ver a los hombres la necesidad de Cristo (3:24). En el debido tiempo vino la simiente prometida (el Mesías Divino) y con su advenimiento, los que creen en El, son descargados del sistema legalista, e introducidos a la gracia. En ningún lugar de Gálatas dice que bajo el nuevo régimen los derechos morales de Dios fuesen menguados, o que la ley fuera un invento humano que pudiera ser descartado totalmente. Es más bien como el traje usado de un niño que sirvió para un propósito útil, pero que ya no es necesario al hombre maduro.

El argumento práctico

Habiendo sentado el principio de la relación de la ley con el nuevo orden cristiano, Pablo entra en el argumento práctico de Gálatas al discutir la relación de la ley con la nueva vida que el cristiano recibe por el Espíritu Santo.

La primera afirmación de Pablo es que la ley debe ser

completamente abandonada como manera de alcanzar la perfección espiritual. No puede haber término medio entre las obras y la gracia. Si la ley es observada ceremonialmente con vistas a conseguir la justificación con Dios, Cristo no es de ningún provecho. Obrando así uno se ve obligado a cumplir toda la ley, y por lo tanto está dando un paso atrás (5:3, 4).

En segundo lugar, la esencia de la ley debe ser retenida, ateniéndonos a su forma sumaria y central: "Amarás a tu prójimo como a ti mismo" (5).

Jesús citó este pasaje como uno de los dos grandes mandamientos que sumarizaban toda la ley y los profetas (6). La ley, pues, no es para ser descartada como una expresión de los efectos de la santidad, aun cuando nunca puede ser la verdadera causa de la santidad. El más alto cumplimiento puede lograrse solamente por el reinado del Espíritu Santo, en el alma, lo cual trae frutos en la vida, que la ley no puede condenar (5:23), y una abnegación para el servicio de los demás que puede llenar los más altos requerimientos de la ley de Cristo. Quizás esta ultima frase se refiere a la ley que Jesucristo mismo vivió, tal como la expresó en el sermón del Monte (Mat. 3:7) la cual iba más lejos que la ley mosaica en sus restricciones éticas y en sus superiores demandas espirituales.

Conclusión

La última referencia a la ley en Gálatas, aparece en el cap. 6:13, que es parte de la conclusión. La declaración de Pablo es el golpe de gracia en su duelo y el último e

---

(5) Lev. 19:18.
(6) Mat. 22:34-40.

incontestable argumento de su debate: "Porque ni aun los mismos que se circuncidan guardan la ley, sino que quieren que vosotros seais circuncidados para gloriarse en vuestra carne". Atacó a los mismos legalistas de inconsistentes y maliciosos. Inconsistentes, porque ellos mismos no obedecían la ley con perfección; maliciosos, porque su primordial motivo no era celo por la ley, sino celo o envidia de la libertad de otros.

La ley es incapaz de producir el objetivo deseado. El hecho de la cruz, no el legalismo, es lo único capaz de justificar al hombre delante de Dios.

ANALIZANDO EL TEXTO

EL MÉTODO ANALÍTICO

CAPITULO VIII

ANALIZANDO EL TEXTO

EL METODO ANALITICO *examen detallado del Texto*

Los métodos de estudio descritos previamente han tratado del libro de Gálatas entero. El amplio curso del libro y su significado han sido discutidos de una forma general, en vez de estudiar minuciosamente cualquier porción de su texto. Semejante modo de tratar el libro capacita al estudiante para hacerse cargo ampliamente del tema principal y los temas subordinados contenidos en una obra dada, pero no aporta una clara y detallada comprensión de todas las declaraciones y enseñanzas del mismo. Para poder averiguar exactamente lo que dice el texto de cualquier obra, se debe emplear el método analítico.

Este método consiste de tres períodos distintos de estudio:

1.° El examen material, que significa volver a escribir el texto de tal forma que revele su estructura gramatical.

2.° La formación de un bosquejo que partiendo de la estructura gramatical y razonando acerca del propósito y significado del escrito, muestre como los pensamientos íntimos del texto se hallan relacionados unos con otros.

3.° El recuento de las observaciones personales o descubrimientos hechos sobre el texto así analizado, lo cual permitirá encontrar las verdades que contiene, tanto explícitas como implícitas.

Los tres procedimientos de este método van a ser aplicados aquí a la parte práctica, que va del libro de los Gálatas cap. 5:1-6:10 y constituye la tercera y última división principal del libro.

Examen material

El argumento práctico empieza después de la afirmación transitoria de Gálatas 5:1, "Estad, pues, firmes en la libertad con que Cristo nos hizo libres, y no volvais a ser presos en el yugo de servidumbre". En este primer párrafo, comprendido en los versículos del 2 al 12, Pablo razona acerca de la inutilidad de la circuncisión y la lógica antítesis entre la libertad de Cristo y la esclavitud del legalismo, del cual los Gálatas habían sido emancipados. De este modo prepara al lector para la aplicación de la enseñanza que sigue: Pablo define los tres elementos personales del caso con los tres pronombres "vosotros", "yo" y "ellos". El primer pronombre se refiere a los Gálatas, que habían sido libertados por Cristo y que por lo tanto debían pensar solamente en términos de libertad (v. 10). "Yo" se refiere a Pablo, considerado como campeón de la libertad que defendió de un modo tan consistente (v. 11). "Ellos" eran las personas que trataban de transtornar la fe de los Gálatas (v. 12) sobre los cuales Pablo pronuncia maldiciones (v. 12) y predice que serán juzgados (v. 10). El primer párrafo es por consiguiente un resumen completo del caso con una breve declaración de su consecuencia práctica, que desarrolla en los párrafos siguientes.

La parte que escogemos para el análisis constituye el cuerpo principal de esta sección práctica, comprendiendo el párrafo 10, en el texto griego (1). Contiene este párrafo la aplicación de los principios de libertad sobre los cuales ha argüido ya extensamente en la sección teológica, y aquí expresa cuál será el resultado de la aplicación de estos principios.

El análisis material de un texto dado consiste en escribir su contenido de tal forma que los componentes gramaticales del párrafo se puedan discernir claramente. Las manifestaciones principales del párrafo, tanto si son declaraciones, preguntas ó mandatos, se sitúan en el extremo izquierdo de una hoja de papel. Cada línea contendrá una declaración principal y sus molificaciones, en el caso de que no haya más que una modificación en cada clase, y que ésta no sea de excesiva extensión. Las cláusulas y frases subordinadas pueden ser detalladas sobre, o debajo, de las líneas, que expresan la declaración principal, según precedan o sigan a ésta en el orden del texto. Así por ejemplo en Gálatas 6:1 la cláusula condicional "si alguno fuere tomado en alguna falta" se clasifica arriba de la línea que contiene la declaración principal o motivo del texto que es, en este caso, "restaurad al tal con espíritu de mansedumbre", mientras que la expresión "vosotros que sois espirituales" que sigue a la palabra "hermanos", definiendo todavía más el sujeto del verbo, se sitúa debajo de la línea, ya que se encuentra en mitad del versículo. Cuando hay dos o más modificaciones incluyendo cláusulas o frases subordinadas o bien objetos plurales, se escriben usualmente directamente debajo la pa-

(1) Véase pág. 29.

labra de la cual dependan, a menos que sean tan breves que se puedan retener convenientemente en el orden original del texto.

Haciendo un análisis de este tipo, el párrafo es la unidad de la división material. Se prescinde de las divisiones de capítulos y versículos, excepto si se quiere anotarlos en el margen para referencia. Las divisiones de capítulos y versículos son arbitrarias, y no pocas veces están equivocadas. Por ejemplo, en vez de la rotura de pensamiento que se hace al dividir los capítulos 5 y 6 en el versículo 26. sería mucho mejor empezar el capítulo 6 entre los versículos 24 y 25 del cap. 5 ya que allí se introduce un nuevo asunto.

Los bosquejos deben seguir el pensamiento guiándose más por la gramática que por arreglos artificiales o tradicionales.

Las cláusulas coordinadas, conectadas por: *y, pero, ni, sino, por tanto* y *porque,* se juzga que contienen generalmente declaraciones principales, y han de escribirse al extremo izquierdo del margen. Algunas veces la conjunción *por* o *para* es difícil de evaluar. Puede simplemente indicar una declaración enteramente coordinada con la que le precede, o puede introducir una explicación diferente, a veces completamente secundaria a la línea principal de pensamiento. Semejante caso se da en el versículo 17, donde la aplicación de la mutua oposición de carne y espíritu es subordinada al mandato principal "andad en el Espíritu" y todo el vers. 17 podría ser escrito dentro de un paréntesis, pero puede considerarse como introducción de un pensamiento paralelo subordinado, por lo cual puede clasificarse como una modificación.

Todos los nombres, cualidades, o acciones, se clasifican en columnas verticales para mayor claridad. Los puntos seguidos (...) indican que parte del texto se ha cambiado a otra posición a causa de su relación subordinada a la frase o sentencia principal.

Bosquejo

La segunda fase, después de re-escribir el texto según el antes expuesto arreglo gramatical, es la creación de un bosquejo. Un bosquejo analítico debe ser textual, esto es, debe seguir el orden y contenido del texto definiendo su contenido por medio de títulos y subtítulos. Los bosquejos textuales pueden construirse de la manera más facil averiguando primeramente los párrafos principales del texto, o las principales secciones tópicas, las cuales darán las divisiones principales del bosquejo. En cada una *de* estas divisiones los principales verbos declarativos o imperativos mostrarán lo que deben ser los próximos subtítulos, y las palabras o frases modificadoras indicarán los subtítulos de segundo orden.

En el texto de Gálatas 5:13 a 6:10 hay tres pensamientos principales. El primero va del vers. 13 al 15 del cap. 5. En estos dos versículos Pablo declara el uso propio e impropio de la libertad. La segunda división (vers. 16-24), que empieza con la declaración "Mas yo os digo, andad en el Espíritu", define la conducta positiva del cristiano libre, por el contraste entre las obras de la carne y los frutos del espíritu, mostrando que el resultado de esta vida en el Espíritu está por encima de la ley: "Contra las cuales no hay ley" (5:23). La tercera sección contiene los principios para la aplicación social de la libertad, y justifica esta nueva libertad por la universalidad de sus benéficos efectos: "Hagamos bien a todos" (6:10). No es necesario ningún comentario sobre los detalles del bosquejo los cuales hablan por sí mismos.

A pesar de que la sección que analizamos es solamente una parte de la tercera división principal de Gálatas, y no es, por consiguiente, una completa unidad independiente, será tratada como tal con el propósito de demostrar la técnica del método analítico. Por esto los títulos del siguiente bosquejo deberían ser revisados si tuvieran que formar parte de un bosquejo del libro entero, según las instrucciones que anteriormente se indican (2).

_____

(2) Véase págs. 183-184.

Análisis de Gálatas 5:13 a 6:10

13. Porque vosotros hermanos, a libertad sois llamados
solamente que no *uséis* la libertad como ocasión a la carne,
sino servíos por amor los unos a los otros.

14. Prque la ley en aquesta sola palabra se cumple.
                                    Amarás a tu prójimo como
                                               a ti mismo.

15. Si os mordéis
          y os coméis los unos a los otros
    Mirad... que también no os consumáis los unos a los otros.

16. Digo pues:
          Andad en el Espíritu
          Y no satisfagáis la concupiscencia de la carne.

17.   Porque la carne codicia contra el Espíritu,
          y el Espíritu   contra la carne;
          y estas cosas se oponen la una a la otra;
                              para que no hagáis lo que quisiereis.
          Si sois guiados por el Espíritu,

18. Pero/................. No estáis bajo la ley.

19. Y manifiestas son las obras de la carne
        que son:
                              adulterio
                              fornicación
                              inmundicia
                              disolución
20.   idolatría
                              hechicerías
                              enemistades
                              pleitos
                              celos
                              iras
                              contiendas
                              disensiones
                              herejías
21.   envidias
                              homicidios
                              borracheras
                              banqueteos
                              y cosas semejantes
        de las cuales os denuncio
              como ya os he anunciado
        que los que hacen tales cosas no heredarán el Reino de Dios.

22. Mas el fruto del Espíritu es:
                              Caridad
                              gozo
                              paz
                              tolerancia
                              benignidad
                              bondad
                              fe →continúa en 187

Pg 185

lectura
L. Bíblica

Análisis de Gálatas 5:13 a 6:10 (Continuación)

tema: a libertad somos llamados ——→ Introducción

I LA VIDA DE LIBERTAD. 5:13 a 6:10

subtópico (a)

A. El privilegio de la libertad   5:13-15

1. La restricción negativa   13.b
2. El mandamiento positivo   13.c
3. El libre cumplimiento de la ley   14.
4. El peligro de abusar de la libertad   15.

B. La práctica individual de libertad en el Espíritu   5:16-24

1. Libertad de las concupiscencias de la carne   16.
   (Discusión en paréntesis de la oposición
   mutua de la carne y el Espíritu)   17.
2. Libertad de la ley   18.
3. Contraste entre la vida de la carne y la vida del Espíritu.

DIVISIONES al 3er orden

    a. Las obras de la carne.

4rta T DIVISION

       (1) Su naturaleza.

          (a) Adulterio
          (b) Fornicación
          (c) Inmundicia
          (d) Disolución
          (e) Idolatría   20.
          (f) Hechicerías
          (g) Enemistades
          (h) Pleitos
          (i) Celos
          (j) Iras
          (k) Contiendas
          (l) Disensiones
          (m) Herejías
          (n) Envidias
          (o) Homicidios
          (p) Borracheras
          (q) Banqueteos

       (2) Resultado: La pérdida del Reino de Dios   21.

    b. Los frutos del Espíritu.   22.

       (1) Su naturaleza.

          (a) Caridad
          (b) Gozo
          (c) Paz
          (d) Tolerancia
          (e) Benignidad
          (f) Bondad
          (g) Fe →188

Análisis de Gálatas 5:13 a 6:10 (Continuación)

23.   mansedumbre,
                                 templanza;
         contra tales cosas no hay ley.
24. Porque los que son de Cristo han crucificado la carne
                         con sus pasiones { por consiguiente
                         y concupiscencias {
25.   Si vivimos en el Espíritu
        andemos también en el Espíritu.
26. No seamos codiciosos de vana gloria
                                 irritando los unos a los otros
                                 envidiando los unos a los otros.
6:1   si alguno fuese tomado en alguna falta
        Hermanos/... restaurad al tal
        vosotros que sois espirituales, |con el espíritu de mansedumbre
                                        |considerándote a ti mismo.
                                 para que tú no seas también tentado.
2. Sobrellevad los unos las cargas de los otros,
   y cumplid así la ley de Cristo.
3.   El que estima de sí que es algo no siendo nada
        Porque/............. se engaña a sí mismo.
4. Así que cada uno examine su obra
   y tendrá gloria
                 | sólo respecto de sí mismo
                 | y no de otro.
5. Porque cada cual llevará su carga.
6. Y el que es enseñado en la Palabra comunique
                         | al que lo instruye
                         | en todos los bienes.
7. No os engañéis;
   Dios no puede ser burlado
   que todo lo que el hombre sembrare
        eso también segará.
8. Porque el que siembra... segará... corrupción
        | para su carne | de la carne
   pero el que siembra... segará... Vida Eterna
        | del Espíritu | del Espíriut
9. No nos cansemos pues de hacer bien
   porque... segaremos
                 | a su tiempo
                 | si no hubiésemos desmayado.
10.   entretanto tenemos tiempo.
   Así que,/... hagamos bien
                 | a todos
                 | mayormente a los domésticos de la fe. ⊃(86

Análisis de Gálatas 5:13 a 6:10 (Continuación)

(h) Mansedumbre   23.
(i) Templanza

(2) Resultado: Libertad de la condenación de la ley.
4. Posición de los creyentes: la carne crucificada.   24.

C. La práctica social de la libertad   5:25-6:10.
El andar en el Espíritu   25.
1. Las restricciones de la libertad
(a) No codiciar   26a
(b) No provocar   26b
(c) No envidiar   26c
2. Las obligaciones de la libertad   6:1
(a) Restauración del hermano caído   1

(b) Sobrellevar las cargas los unos de los otros   2

(c) Examinar cada uno su obra   4

(d) Mantener las responsabilidades personales
llevando cada uno su carga   5
(e) Mantener al instructor de la Palabra   6

(1) Peligro de sembrar para la carne   8

(2) Provecho de sembrar para el Espíritu   8

(f) Persistencia en las buenas obras;
garantía de recompensa   9

(g) Haciendo bien, entretanto tenemos tiempo   10

(1) A todos los hombres.
(2) A los domésticos de la fe.

Análisis y bosquejo. Observaciones
Teoría

La tercera etapa en el estudio analítico del texto es observar el contenido y las enseñanzas tal como aparecen en la porción que se considera. El análisis material ordena simplemente el texto, de manera que las partes qué lo componen sean fácilmente accesibles u observables; y el bosquejo aporta una guía a su organización. Las observaciones tienen que ver con los puntos de interés individual que el estudiante puede encontrar en el materiaı que ha quedado expuesto ante él. Semejante proceder es similar a la preparación de una comida: el análisis material es como preparar los manjares que han de ser servidos, el bosquejo es como extender la mesa y arreglar los cubiertos; y las observaciones o aplicaciones personales son las tajadas que el comensal selecciona para llenar su plato.

Las observaciones, pues, son anotaciones de párrafos que el estudiante descubre y pueden ser usados para instrucción o devoción. Para que sean más efectivos, y como estímulo del pensamiento, deben clasificarse de tal manera que no vengan a ser una colección de trivialidades o una fastidiosa reiteración de afirmaciones conocidas. El bosquejo sugerirá alguna dirección para proceder a una detallada investigación del texto, o se puede seguir el antiguo método de responder a seis preguntas: 1.ª ¿Quién? 2.ª ¿Qué?; 3.ª ¿Cuándo?; 4.ª ¿Dónde?; 5.° ¿Por qué?; 6.ª ¿Para qué?

¿Quién? - Como respuesta a esta pregunta deben buscarse las personalidades que se mencionan en el texto: ora presentadas como caracteres biográficos, o introduci-

das en el relato por diálogos que en el mismo ocurren, o bien admitidos como autor o autores del mismo.

¿Qué? - Envuelve la acción o contenido del texto, y algunas veces incluye también lo que se quiere decir, tanto como lo que se dice textualmente. Normalmente el bosquejo responderá plenamente a esta cuestión.

¿Cuándo? - Bajo esta pregunta deben alistarse todos los indicios de tiempo que puedan hallarse en el contexto, ya pertenezcan a la acción del propio relato o a la idea referente al mismo. Por ejemplo: el desenvolvimiento del ministerio de Pablo que se describe en Gálatas 1 y 2 se refiere a tiempos pasados diferentes al de la propia epístola, pero corresponden al propósito y pensamiento del mismo, y es por esta razón que son referidos, aun perteneciendo a un tiempo diferente.

¿Dónde? - Se refiere a situaciones geográficas, calles, ciudades o provincias. Esto debe estudiarse siempre con diagramas o mapas para que resulten claras todas las alusiones del autor.

¿Por qué? - Prueba la razón para la acción o pensamiento detrás de los hechos observados. El lector debe buscar siempre la causa para la acción o pensamiento que se expresa, y también la razón para que sea narrado. La interpretación se origina razonando, y depende siempre de la respuesta a esta cuestión.

¿Para qué? - Esta última cuestión no puede responderse solamente por el texto ya que concierne a la relación interna de los resultados de las anteriores preguntas con el propio estudiante. Ya que la Biblia es la Palabra de Dios, sus expresiones tienen un mensaje evidente para los

hombres, y todas las verdades que se encuentran en ella tendrán aplicación a la experiencia humana una y otra vez. El combustible para una vida devocional inteligente debe sacarse de las conclusiones que cada uno se hace a sí mismo bajo la guía del Espíritu de Dios. El intelecto y el corazón deben participar juntamente en este esfuerzo. Un estudio poco intelectual de las Escrituras producirá un débil sentimentalismo o un vacío tradicionalismo, mientras que un frío estudio intelectual de la Biblia mata las facultades espirituales tanto del enseñador como de quien recibe la enseñanza. En el estudio de la Biblia se necesitan tanto la luz como el calor.

No todas estas preguntas son igualmente aplicables a cualquier clase de texto. Tendrán todas buena aplicación a una narración corriente como por ejemplo a las historias de los Hechos de los Apóstoles, en las cuales ocurren personalidades, acciones conversaciones y lugares. En un ensayo, como el de esta sección de Gálatas, las personalidades no son prominentes, las ideas toman el lugar de la acción y de la conversación; tiempos y lugares no pueden aparecer sino con referencia al libro entero. En la demostración que sigue de observación analítica de una porción de Gálatas (cap. 5:13 a 6:10) no intentaremos apurar todas las posibilidades del pasaje. Se darán algunos ejemplos de procedimiento y sus resultados para mostrar cómo se hace el trabajo, pero mucho material se dejará para que el lector lo descubra por sí solo.

Procedimiento

Empezando por la cuestión *¿quién?* la primera serie de observaciones son sobre las personalidades que entran en el texto. Tres individuos o grupos aparecen en el pasaje. El escritor designado con el pronombre "yo" que está exhortando a sus lectores: los receptores mencionados bajo diferentes títulos que tienen que aprovechar su consejo; y Dios que es presentado como el poder gobernante.

Aparte de otras referencias indirectas que se encuentran en todo el pasaje, el escritor aparece aquí, de modo directo en 11 referencias.

Por acción directa	Digo pues	5:16
	Os denuncio	5:21
	Como os he anunciado	5:21
Por inclusión	Si vivimos en el Espíritu.	5:25
	Andemos en el Espíritu	5:25
	No seamos codiciosos de vanagloria . . .	5:26
	No nos cansemos	6: 9
	Si no hubiéremos desmayado	6: 9
	Entretanto que tenemos tiempo	6:10
	Hagamos bien a todos	6:10

Tres de estas citas hacen una referencia directa al autor en la primera persona del singular. En las otras Pablo se asocia en la primera persona del plural, con todos los creyentes a los cuales representa. Sin embargo ya que son primera persona del plural, pueden considerarse como una referencia más modesta del propio autor. Todas expresan la tendencia de su propio pensamiento en algún punto particular.

El primer *"yo digo"*, expresa el pensamiento central de Pablo en cuanto al argumento práctico de la epístola. Así como también la convicción central de su vida. Para él, caminar en el Espíritu era la verdadera clave para una vida de éxito.

La segunda y tercera referencia a la primera persona del singular reflejan la madurez de su experiencia. y la pena que sentía con respecto a los Gálatas de un modo particular y personal. Había previsto el peligro en que cayeron y procuraba, en consecuencia, amonestarles contra el mismo.

Los primeros tres usos del pronombre plural (25, 26) confirman la idea dada arriba en el primer ejemplo. Vivir en el Espíritu y andar en el Espíritu, evitando contiendas, era la norma de conducta personal cristiana para el autor, y esperaba que lo fuera para sus lectores también.

Los cinco últimos usos del pronombre plural identifican al escritor más íntimamente con sus lectores en un esfuerzo y esperanza común de cosechar una recompensa. Pablo exhortó a los gálatas, a pesar de que le habían exasperado con su conducta. Ya que había llegado a la conclusión de su argumento, deseaba atraerles, no alejarles de sí.

Los lectores son designados de diversas formas:

Hermanos	5:13, 6:1
Vosotros que sois espirituales . . .	6:1
El que es enseñado en la palabra . . .	6:6
Mayormente a los domésticos de la fe .	6:10

Cada uno de estos epítetos presupone una relación espiritual entre los mismos creyentes y entre ellos y Cristo. La palabra "hermanos" significa que Pablo situaba a los Gálatas en igualdad con él como hijos de Dios, según la declaración del vers. 4:5, "a fin de que recibiésemos la adopción de hijos. La exclamación de Pablo: "Vosotros que sois espirituales" puede describir a un grupo dentro de la iglesia de Galacia sobre cuya lealtad e integridad espiritual podía confiar en cualquier crisis. También puede ser que Pablo usó esta frase como estratagema para atraer la cooperación de toda la Iglesia. Si se alababan de su propio progreso espiritual, debían convencerle, de ello por su buena voluntad y habilidad para restaurar a los que habían caído en un error. Los "enseñados en la Palabra" son los miembros de la congregación como distintos del maestro (3). La expresión "palabra" es usada frecuentemente en las primeras epístolas de Pablo para denotar la sustancia del mensaje cristiano. Además, el término traducido "enseñados", significa "instruídos por la "palabra oral" (4) y muestra a una persona que está escuchando la enseñanza de otro y tratando de memorizar lo que oye. El creyente normal, pues, era educado en el mensaje del Evangelio de manera que pudiera comprenderlo y apreciarlo. La frase "domésticos de la fe" enfatiza la solidaridad del grupo entero como unido en una relación familiar basada en su común creencia en Cristo y en Dios. La suma de todos estos epítetos aporta un completo retrato de la naturaleza y relaciones del creyente.

Dios es mencionado directamente tan sólo una vez: 6:7. "No os engañéis, Dios no puede ser burlado". El es el poder personal detrás la inexorable ley de siembra y siega, y no puede ser burlado con impunidad. El creyente y el no creyente deben comprender igualmente qué serán últimamente responsables ante El, y que sus leyes siempre prevalecen. Su ganancia o pérdida depende de su relación con tales leyes divinas, las cuales son tan infalibles para aquellos que siembran para el Espíritu como lo son para los que siembran para la carne.

La pregunta ¿qué? puede responderse bien por el uso de los verbos imperativos, que son los que más se destacan en este pasaje, y consecuentemente dan la línea prin-

---

(3) Griego: *logos*. Para comparar con otros casos véase I. Tes. 1:6 8; 2:13. II Tes. 3:1; I Cor. 1:18; 15:2.

(4) Griego *katechoumenos*. Origen del término español catecúmeno.

oipal de pensamiento en el contenido. El siguiente bosquejo presenta una fórmula del contenido general, pero un gráfico de los mandatos que concurren en el pasaje ilustrará mejor los propósitos del argumento práctico.

Mandato	Ref.	Persona
No uséis la libertad	5:13	2
Servíos unos a otros	5:13	2
No os consumáis.	5:15	2
Andad en el Espíritu	5:16	2
Andemos en el Espíritu	5:25	1
No seamos codiciosos de vanagloria	5:26	1
Restaurad al tal	6:1	2
Sobrellevad los unos las cargas de los otros	6:2	2
Examine cada uno su obra	6:4	3
Comunique en todos los bienes al que lo instruye	6:6	3
No os engañéis	6:7	2
No nos cansemos pues de hacer bien	6:9	1
Hagamos bien a todos	6:10	1

Esta lista contiene todos los imperativos en segunda y tercera persona, además de los que se expresan bajo la palabra "hagamos", que son virtualmente imperativos en primera persona, haciendo un total de trece. No se puede formular aquí ninguna clasificación distintiva sobre la base de diferencia de personas. Todos estos imperativos concuerdan en espíritu con una libertad que se expresa por su humildad. Son lo opuesto al libertinaje, propio ensalzamiento, rencillas, desunión, jactancia, criticismo, aislamiento, presunción, pereza, descuido y desánimo. Representan un uso constructivo de la libertad que es en Cristo. El uso indirecto de la primera, segunda y tercera persona, muestra simplemente que el escritor se incluye a sí mismo en todos los puntos de vista. Algunas veces habla en tercera persona refiriéndose a un caso hipotético, otras veces exhorta a sus lectores directamente y en otras, se incluye a sí mismo entusiásticamente. La práctica de estos mandamientos significa que la libertad espiritual no es equivalente a indulgencia de los caprichos personales. La verdadera vida espiritual reconoce obligaciones definidas. La libertad consiste en liberación del legalismo y restricción moral para que uno pueda hacer expontáneamente lo bueno.

Algunas otras características del texto, que no están conectadas directamente con el bosquejo, son dignas de ser anotadas.

Es importante la diferencia entre palabras traducidas similarmente. Una buena ilustración de ello es el uso de la palabra "andar" aplicada al espíritu en 5:16, "andad en el Espíritu y no satisfagais la concupiscencia de la carne" (5). El acto físico de andar es usado como ilustración para referirse a la conducta en general. Pero en el capítulo 5:25, en la frase "andemos también en el Espíritu (6) ·se usa un verbo diferente, que no significa andar, sino "guardar la posición". Sin embargo, ambos verbos se refieren igualmente a la conducta cristiana; el segundo, empero, es más definidamente un concepto de relaciones sociales, ya que significa andar con dignidad de acuerdo con otros de la misma posición, o de acuerdo con alguna regla que es común a todos. La distinción es apta, porque el primer "andar" se aplica al contraste entre la carne y el espíritu en la vida individual, mientras que el último introduce un párrafo que discute las responsabilidades sociales del creyente hacia los compañeros creyentes.

Un segundo par de palabras de este contexto merece

---

(5) Griego *peripateite*. Véase Romanos 6:4; Fil. 3:17, 18.
(6) Griego *stoichomen*. Véase Hechos 21:24; Rom. 4:12; Fil. 3:16.

particular atención ya que son frases que pueden ser presentadas como contradicciones de la Biblia.

En Gálatas 6:2, está la declaración: "Sobrellevad los unos las cargas de los otros y cumplid así la ley de Cristo", pero el versículo 5, dice: "Cada uno llevará su propia carga". Un examen cuidadoso de las palabras traducidas "carga" en nuestra versión del N.T. resolverá la dificultad. La "carga", del versículo 2 es la palabra griega "baros", que significa "un peso agobiador" que aplastaría al nombre a menos de recibir ayuda. La segunda "carga" es "phortion", que significa usualmente el peso normal que un animal puede llevar, o la carga asignada a un barco (7). A la luz de esta curiosa diferencia original de una misma palabra en nuestra traducción, queda resuelto el conflicto entre ambos textos, los cuales declaran: por un lado que los cristianos deberían relevarse unos a otros de las cargas excesivas, pero que cada uno debe cargar con su peso normal de responsabilidades, sin abusar de la caridad del prójimo.

Algunas veces se introducen contrastes directos para iluminar el significado de una verdad. Esto puede observarse en la enseñanza sobre las palabras espíritu y carne.

Estos contrastes verbales pueden ampliarse interpretándolos a la luz de su contexto. "Andad en el Espíritu", implica una atmósfera de libertad en la cual el individuo es impulsado por el Espíritu Santo como amigo y conso-

---

(7) Para comparar el uso de *baros* en otras partes de los escritos de Pablo, véase I Tes. 2:6 «seros carga». *Phortion* es la palabra que Jesús usó en Mateo 11:30 para expresar «ligera mi carga», y en Hechos 27::10, refiriéndose a la carga de un navío. Moulton & Milligan, en la obra citada, pág. 674, cita un papiro en el cual se usa la palabra en el mismo sentido.

lador. "No satisfagais las concupiscencias de la carne", describe en el lenguaje original a un esclavo que es obligado por el latigo a obedecer los caprichos de un tirano. "Guiados por el Espíritu" significa un control interior bajo la ley, en contraste con una compulsión externa. La misma idea prevalece en gran parte en el contraste siguiente. "Fruto" es el producto del crecimiento natural, mientras que "obra" es el resultado de un fatigoso esfuerzo. El contraste entre corrupción y vida, se explica por sí mismo. Por medio de estas antítesis Pablo presenta las ventajas de la vida de libertad en el Espíritu en contraste con la vida de esclavitud de la carne.

Las definiciones de estos dos términos "espíritu" y "carne" varían según su uso. Espíritu, en los escritos de Pablo puede referirse a un elemento del ser humano (véase Tes. 5:23) o al Espíritu Santo, como una personalidad distinta (Ef. 4:30) o al reino de la vida en el cual un cristiano debe habitar (Rom. 8:9) o a una actitud o disposición particular (1 Cor. 4:21). La mayoría de los usos de este término se aplican empero al Espíritu Santo, a quien usualmente prefiere llamar el "Espíritu de Dios". En Gálatas de ocho casos en que se menciona el "Espíritu" con el artículo definido, siete veces se refiere directamente al Espíritu personal de Dios. Recibir el Espíritu (3:2) es una crisis definida en la experiencia espiritual, que significa la entrada de un poder exterior a la personalidad en la vida humana. El Espíritu es dado directamente por Dios (3:5) en cumplimiento de Su promesa (3:14). En Gálatas 4:4-6 Pablo declaró que Dios envió a ambos: Su Hijo y el Espíritu de su Hijo. Nótese que se distinguen el uno del otro, como distintas individualidades con diferentes funciones. En Gálatas (5:17) "Espíritu" y "carne" podrían comprenderse fácilmente como denotando solamente aspectos separados de la naturaleza moral humana. El artículo definido indica que la referencia puede interpretarse como el Espíritu Santo, que controla la carne y la refrena de su completa expresión. Pero en el cap. 5:22, el artículo aparece refiriéndose al espíritu personal, formando un contraste similar al que aparece entre las obras de la carne y los frutos del Espíritu.

En uno de los ejemplos de Gálatas, la palabra "espíritu" no se aplica al Espíritu Santo. En 6:1 la frase "espíritu de mansedumbre" es sinónimo con actitud amable. En 6:18 se refiere al espíritu humano.

"Carne" (8) es otra de las palabras favoritas de Pablo y se encuentra en Gálatas dieciocho veces. Dos de éstas por metonimia, se refieren a los hombres en general como carne y sangre o "ninguna carne" en 1:16 y 2:16. En tres pasajes se refiere al cuerpo físico (4:13, 14 y 6:12). En uno usa la frase "en la carne" como sinónimo para la vida presente en el sentido físico (2:20). En las otras significa la naturaleza moral del hombre separado de Dios y sin control del Espíritu Santo; con la posible excepción de (4:23) donde la frase "según la carne" (9) puede significar el nacimiento natural o físico. Aparentemente Pablo usó esta palabra para expresar la fuerza o tendencia hacia el pecado que gravita en el hombre apartado de Dios. No hay indicación alguna de que Pablo identificara la expresión "carne" tan sólo con el cuerpo físico. "Las obras de la carne" detalladas en 5:19-21 no son simplemente los

(8) Griego *sarx*. Para más información sobre estos dos términos, véase Burton, pp. 486-495.

(9) En griego: *kata sarka*. Para un uso similar en otro lugar donde no se refiere al aspecto moral, véase Romanos 1:3.

hechos del cuerpo, sino la expresión de una naturaleza co-
rrompida, que es puesta en contraste con los frutos del
Espíritu de Dios. Al revés de muchos filósofos de su época, Pablo, no creía que la materia sea mala por sí misma y que la victoria sobre el pecado pudiera realizarse
por medio del ascetismo.

El Espíritu y la carne son puestos en contraste, por lo
menos en cuatro pasajes: 4:29, 6:16, 19:22, 6, 8. Ambos
entran en la experiencia del creyente; pero el verdadero
creyente que tiene su fe en el Hijo de Dios no puede vivir
según la carne. Por el contrario, siembra para el Espíritu,
de lo cual segará vida y paz.

Otro punto de contraste puede ser observado en Gálatas 5:7, el versículo dice: "La carne codicia contra el Espíritu; y el Espíritu contra la carne, y ambas cosas se opo-
nen la una a la otra, para que no hagais lo que quisierais".
Esta última cláusula es ambigua. ¿Significa que el poder
del Espíritu sobre la carne existe a fin de guardarnos
del mal, que de otro modo practicaríamos? o ¿indica, por
el contrario, que a causa de este conflicto somos incapa-
ces de alcanzar la perfecta realización de nuestros anhe-
los espirituales? Robertson y Lightfoot, lo entienden ambos en el sentido de resultado (10) o sea que el conflicto
interno entre la carne y el espíritu, impiden a la persona
alcanzar la perfección bajo la ley. El dilema de Pablo en
Rom. 7:19, "Pues no hago el bien que quiero, sino el mal
que no quiero, esto hago"; es una expresión de este mismo
principio. Por otro lado, Burton arguye que se trata de
una cláusula de propósito, que se aplica tanto a la carne
como al Espíritu. Esto es, que la carne se opone al espí-

(10)   Roberston, p. 998. Lightfoot, p. 210.

ritu para que los hombres no hagan lo que el Espíritu les impulsa a hacer, y que el Espíritu se opone a la carne para que los cristianos no realicen lo que harían según la carne (11). La anterior interpretación es preferible, ya que el texto parece hacer énfasis en el resultado del conflicto más bien que en su carácter indeterminado. Los versículos sucesivos muestran que el poder del Espíritu se dirige no sólo a restringir el mal, sino a dar la victoria sobre el mismo, y que la dirección del Espíritu es la contraposición de la vida frustrada por la carne.

¿Cuándo? y *¿Dónde?* no entran en el análisis de esta parte del libro de Gálatas, pues la discusión aquí es psicológica más bien que histórica; sin embargo pueden hallarse buenos ejemplos para ilustrar estos dos puntos en los capítulos 1 y 2.

¿Por qué? o sea, cuál es la razón por la cual se escribiría esta sección particular de Gálatas? Dos motivos parecen evidentes. Primeramente completa el argumento de la epístola, mostrando que el problema interior del hombre no puede resolverse por medio del legalismo. La circuncisión de la carne no puede tener ningún efecto directo sobre el espíritu. Y si la persona confía en la ceremonia externa, la realidad de Cristo sería vana para el tal. El cumplimiento de la ley dada por Dios vendrá sólo como un resultado del amor espontáneo del amor a Dios y al prójimo, creado por el Espíritu Santo. De El emanan todas las gracias que son frutos de la perfección espiritual.

En segundo lugar, la aplicación práctica de este prin-

---

(11) Burton, op. cit., p. 302.

cipio proporcionaba una oportunidad para instruir a las iglesias de Galacia respecto a sus necesidades peculiares. Los pecados y virtudes arriba mencionados son, de hecho, una serie de exhortaciones. El objeto de la epístola era, no solamente corregir errores teóricos, sino inculcar a los Gálatas un más profundo carácter cristiano.

Por lo tanto significa: ¿Qué conclusión puede sacarse del precedente análisis? El principio de libertad espiritual viene a ser la herencia de cada creyente en Cristo. Las consecuencias de la doctrina de Gálatas 5:13 a 6:10, afecta a todo su pensamiento. Confrontan a cada cristiano con la alternativa de dos esferas en las cuales puede vivir: la del legalismo y la de la libertad. Le declara que debe ser inevitablemente dominado por una de las dos fuerzas, la del Espíritu o la de la carne: definen el resultado de dos modos de vivir, el sembrar para la carne que trae corrupción, o la siembra para el Espíritu que trae vida. Caracterizan al cristiano como una persona que ha crucificado la carne con sus afectos y concupiscencias (5:24).

Las conclusiones personales de esta enseñanza pueden describirse de esta forma:

1.° La libertad del Espíritu es posible para cualquier cristiano.

2.° Esta libertad es obligatoria para cualquier cristiano si ha de cumplir el propósito de su redención.

3.° Sin embargo la libertad para el cristiano es lo opuesto a indulgencia carnal.

4.° La libertad cristiana significa pleno desarrollo de la personalidad por medio de las virtudes que resultan del control del Espíritu.

5.° La libertad produce una vida cristiana espontánea y fructífera.

INTERPRETANDO LA ESCRITURA
POR LA ESCRITURA

El Método Comparativo

Capitulo IX

INTERPRETANDO LA ESCRITURA
POR LA ESCRITURA

La biblia se interpreta por medio de la referencias

EL METODO COMPARATIVO

A pesar de que el contenido y significado de Gálatas debe ser comprensible a los lectores casuales que lo lean por primera vez sin tener conocimiento de ningún otro de los libros incluídos en el canon bíblico, su valor para el exégeta moderno puede aumentar grandemente si se estudia en relación con el resto de las Escrituras. Ningún libro de la Biblia puede interpretarse adecuadamente sin ser comparado con los demás para ver su relación y explicarse todas las alusiones que de ellos puedan encontrarse. El uso de un pasaje de la Escritura para ilustrar o interpretar a otro, ya sea por medio de alguna similitud o por algún contraste inherente, se llama en ambos casos, método comparativo.

Este método es triple. Consiste, en primer lugar, en la relación de un pasaje con otro, dentro de las obras de un mismo autor. Cualquier escritor que tiene una base definida de creencias o conceptos se referirá a todas ellas en sus producciones. Si tales creencias constituyen su modo de pensar, inevitablemente fundará sobre ellas sus enseñanzas principales. Gálatas es la parte básica del conjunto de las cartas de Pablo, porque contiene el corazón del llamado Evangelio Paulino. Es de esperar, por consiguiente, que sus enseñanzas serán suplementadas o repetidas en otras epístolas escritas por el mismo autor. Pasajes análogos de otras cartas de Pablo pueden declarar con mayor claridad la verdad que Gálatas expone, y servir, por consiguiente, de comentario a su contenido.

Una segunda forma del método comparativo es la relación entre el Nuevo y el Antiguo Testamento. El Nuevo Testamento está relacionado con el Antiguo como los frutos de un árbol con sus raíces. Sin las raíces los frutos no pueden existir, porque de ellas depende su origen y mantenimiento. Sin los frutos, las raíces son fútiles, porque el árbol no puede cumplir sino por medio de ellos el propósito de su creación. Las raíces de la revelación divina han de ser buscadas en el Antiguo Testamento, donde se encuentran los principios del conocimiento de Dios, la experiencia del pecado, y la promesa de redención. Los frutos de esta revelación están en el Nuevo Testamento, en la revelación de Cristo. Sin El, el Antiguo Testamento es una historia sin final, un camino que no conduce a ninguna parte. Las enseñanzas del Nuevo Testamento a menudo pueden ser mejor explicadas mostrando su paralelismo, con algún hecho del Antiguo; mientras que la comparación de la sombra hebrea con la substancia cristiana, a menudo, dará a un hecho sin importancia del Antiguo Testamento un nuevo valor histórico.

El tercer principio básico de este método es el más amplio y el más convincente. La Escritura es una unidad en Cristo. Si su autor fundamental es el Espíritu Santo (1 Pedro 1:10-12), el estudiante de la Biblia tiene derecho a esperar que habrá una profunda unidad entre todas las partes de la revelación escrita. A pesar del hecho de que fueron escritas por varios autores de diferentes nacionalidades, y de diversos gustos, ocupaciones, caracteres, propósitos, y en tiempos y lugares separados, hay un objeto común que los dirige a todas a una misma meta, éste es Cristo. Si una parte depende de la otra para su objetivo común, una comparación de las dos debe mostrar la relación entre ambas y esclarecer su unidad.

El uso de este método

El paso inicial en el método comparativo es encontrar algún punto de contacto o semejanza entre los pasajes que han de ser comparados. A menudo depende de algún tema, doctrina, o un suceso que se discute en dos o más pasajes paralelos. Puede ser una persona cuyas actividades o carácter ilustran el método divino de tratar con los hombres, o que ha aportado una contribución espiritual al desarrollo dd tal conocimiento.

Muy frecuentemente un pasaje del Antiguo Testamento es citado en el nuevo sin dar ninguna referencia a su contexto. En tal caso un estudio comparativo de la fuente original de la referencia, juntamente con la aplicación por el autor novotestamentario, ensancha y profundiza su significado.

El estudio comparativo de un tema

La comparación de los pasajes que contienen un tópico similar puede ilustrarse por la consideración paralela de Gálatas 3:5-14 y Romanos 3:31-4:16. Ambos tienen su tema común "la ley y la fe". Ambos se refieren al Antiguo Testamento como una fuente de tal enseñanza y ambos se refieren a la revelación de Dios a Abraham.

Además, ambos son escritos por Pablo, por lo tanto constituyen dos distintos modos de tratar la misma doctrina por el mismo autor. Por consiguiente, se debe suplementar el uno con el otro, y la presentación en Romanos debe ayudar a la explicación del contenido en Gálatas.

El argumento del pasaje de Gálatas, es teológico y personal. Abraham se presenta como una simple ilustración del principio de que las bendiciones de Dios vienen por la fe más que por la ley. Puesto que Dios atribuye justicia a Abraham a causa de su fe, por lo tanto los que ejercitan una fe similar se consideran hijos de Abraham, y consecuentemente pueden ser buenos receptores dé las bendiciones de Abraham, que el libro de Gálatas iguala con la promesa del Espíritu Santo (3:14). El párrafo entero de Romanos, incluyendo el argumento del Antiguo Testamento, es la respuesta a la cuestión inicial propuesta en Gálatas 3:5 "Aquel pues que os daba el Espíritu... ¿hacíanlo por las obras de la ley o por el oir de la fe?".

Las enseñanzas de Romanos 3:31-4:16, empiezan en el mismo punto de la ley y la fe (3:31) el mismo texto clave: "Abraham, creyó a Dios y le fue contado por justicia". Génesis 15:6, se cita en ambos y el párrafo entero sostiene la importancia de la fe. Su énfasis es empero algo diferente del pasaje análogo de Gálatas, ya que la pregunta inicial aquí es: "Luego, ¿deshacemos la ley por la fe? En ninguna manera, antes establecemos la ley" (Romanos 3:31), mientras que en Gálatas, Pablo hace todo lo posible para mostrar, el efecto superior de la fe sobre la validez de la ley.

La forma en que la carta a los Romanos trata este problema es por tanto bastante diferente: su argumento teológico es como sigue:

Si un hombre trabaja por un objetivo recibiendo su salario, aquello no es gracia, sino el pago de lo que se le debe.

Si una persona actúa por la fe, recibe, no lo que ha ganado sino lo que el dador le da libremente, sin mirar a sus merecimientos.

Las bendiciones de Dios no son dadas como recompensa a una labor sino como un libre don, a todos los que tienen fe.

En el caso de Abraham, el pacto o promesa de la justificación por la fe le fue concedido antes de que hubiese entrado en el pacto de la circuncisión.

La circuncisión es por lo tanto un reconocimiento de un fuero ya establecido, y no un medio para adquirirlo.

La fe de Abraham y no la circuncisión trajo la bendición de Dios.

Por lo tanto, Abraham es un modelo para todos aquellos, tanto judíos como gentiles, que deseen recibir la bendición de Dios.

El corolario final es, que si la herencia fuera por la ley, la fe y la promesa quedarían anuladas.

Los puntos paralelos en estas dos líneas de argumento son (1) El punto de partida de la relación de la ley con la fe. (2) El ejemplo que se da en el Antiguo Testamento sobre Abraham. (3) El pasaje claro de Génesis 15:16, que proporciona las bases del razonamiento. (4) La idea de que las bendiciones de Dios vienen en respuesta a la fe. (5) El concepto de que los que ejercitan fe son hijos de Abraham (Gál. 3:7, Rom. 4:11, 16). El pasaje de Romanos proporciona un fundamento teológico más amplio para el concepto de la salvación por la fe, y muestra que la herencia no puede venir por la ley. Las enseñanzas de Gálatas sobre el Espíritu Santo, no se dan en este punto de Romanos, pero se desarrollan en el capítulo ocho, que puede considerarse paralelo de Gálatas 5:16 25.

El estudio comparativo de un carácter

El método biográfico, incluye la relación comparativa de todos los datos importantes que se refieren a ciertas personas o caracteres dentro del libro que se estudia; pero una comparación parcial de dos pasajes o hechos específicos, puede clasificarse también como método comparativo.

La alusión a Tito 2 3, es breve y contiene muy poca descripción que nos revele las causas de la mención de su nombre en conexión con el contenido de Gálatas. Fue un compañero de Pablo y Bernabé cuando fueron a Jerusalén para tener una entrevista con los líderes eclesiásticos. Era un griego que no había sido educado bajo la ley judía, y por consiguiente no estaba circuncidado, ni fue obligado a circuncidarse por decisión del Consejo de los líderes. Evidentemente, Pablo lo mencionó porque era un testimonio importante del amplio derecho dado a los gentiles por los líderes de la Iglesia antes del Concilio de Jerusalén. El lenguaje es un poco ambiguo, porque cuando dice: "Tito no fue obligado a circuncidarse" (2:3) se podría sacar la conclusión de que Tito aguantó con éxito la presión de los judaizantes, para no circuncidarse, o también que se había sometido voluntariamente a hacerlo pero no por la fuerza. Lo primero parece ser más probable, ya que Pablo dice en cuanto a los judaizantes "que no se sujetaron a ellos ni aun por una hora" (2:5). "Nosotros", implica que Tito y Pablo estuvieron juntos y ambos mantuvieron su derecho, sin hacer a los opositores ninguna concesión material.

La comparación de esta frase con otros pasajes del Nuevo Testamento donde se menciona Tito, sirve para traer su personalidad a una posición relevante. La próxima mención, en el orden cronológico de los escritos de Pablo, es en la segunda carta a los Corintios, escrita desde Macedonia a Corinto cerca del año 56. El libro de los Hechos hace un silencio completo acerca de Tito, pero 2.ª Corintios asegura que acompañó a Pablo en su tercer viaje, y que vino a ser uno de sus ayudantes de más confianza. Si encontró a Pablo en Antioquía (Hechos 18: 22-23) debió haber trabajado con él en la campaña Galática y haber participado en el largo y efectivo ministerio de Pablo en Efeso. Antes de la partida de Pablo de Efeso hacia Macedonia, Tito fue enviado a Corinto a arreglar los enmarañados asuntos de aquella Iglesia Después de salir de Efeso, Pablo prosiguió a Troas, donde ansiosamente aguardó a Tito quien debía traerle noticias de los acontecimientos en Acacia. Con todo, Tito no vino (2 Cor. 2:3), y Pablo marchó a Macedonia esperando encontrarle allí La confianza de Pablo en Tito y su afecto por él, son evidentes en el epíteto que le aplica· "Tito, mi hermano". A pesar de que Tito no podía tener más experiencia cristiana que Timoteo que era en aquel tiempo el asociado de Pablo y co-autor de 2.ª Corintios, es notable que Pablo llame a ese otro colaborador "mi hijo" en 2.ª Cor. 3:17. Y el relato histórico nos nuestra que Tito era un hombre de madurez espiritual, muy capaz de aguantar y solucionar los problemas administrativos que la rebelde y turbulenta iglesia de Corinto había creado.

Tito, probablemente tuvo algunos recelos acerca de

los resultados de su visita a Corinto, pues Pablo dice: "Que haya sido recreado su espíritu en vosotros" (2 Cor. 7·13); ello significa que preveía más dificultades que las que realmente encontró Pablo le había animado, asegurándole que los corintos harían las cosas bien, y se sentía aliviado de ver que Tito encontró verdadera su predicción (2 Cor. 7:14).

El éxito de Tito en esta difícil misión corrobora la impresión dada por la referencia accidental en Gálatas de que era un carácter fuerte y determinado. Rehusó subyugarse a los judaizantes de Antioquía. No desmayó por la oposición en Corinto. Pablo lo llama socio y compañero de trabajo (2 Cor. 8:23) y lo recomienda sin reservas.

La próxima aparición de Tito en el orden canónico del N. T. es el libro que lleva su nombre, escrito probablemente en el año 60. Por aquel tiempo estaba en Creta, donde su ministerio parece haber sido el mismo que en Corinto (Tito 1:5). La Iglesia cretense estaba en una condición deplorable y necesitaba desesperadamente una mano fuerte para corregir las maldades y poner orden en el caos. Las amonestaciones que Pablo le hace no van de ninguna manera contra la confianza esencial que tenía en Tito como agente ejecutivo. Pablo esperó que cumpliera su tarea de un modo expédito y efectivo y le dio instrucciones para volver a encontrarle en Nicópolis (3:12).

La última alusión a Tito ocurre en la carta de despedida de Pablo a Timoteo (2 Tim. ·4:10). Este había ido a Dalmacia, no se dice porque motivo. A juzgar por el hecho de que este pasaje refiere una dispersión general de los compañeros de Pablo, se puede concluir que Tito era uno de los que marcharon en distintas direcciones para llevar a cabo un ministerio evangelístico y descentralizar el grupo de líderes misioneros que estaban en peligro de arresto por las autoridades romanas. El mismo Pablo escribió desde Roma donde se hallaba prisionero, después de haber sido arrestado repentinamente en algún lugar durante uno de sus viajes por la costa occidental del Asia Menor, posiblemente en Troas (2 Tim. 4:20, 33). Tito había venido a ser, por lo tanto, en este tiempo, un obrero independiente que llevaba a cabo su propia misión en un territorio donde no había trabajado antes con Pablo.

El estudio comparativo de las alusiones a Tito saca a este, en parte, de la sombra en que quedaría. Su cualidad de valeroso, que le hizo testigo voluntario y auxiliar de Pablo y Bernabé cuando éstos dirigían la campaña de la libertad de la ley en favor de los gentiles, le hicieron un obrero ejemplar durante los dos decenios que transcurrieron entre su conversión en Antioquía y la dispersión del grupo de ayudantes de Pablo, poco antes de su muerte. El era una demostración palpable de la eficacia de la salvación para los gentiles, sin la ley. Su ministerio se iguala al de Timoteo, quien aunque medio gentil fue circuncidado por su origen medio judío a fin de no causar ofensa a los hermanos judíos.

El estudio comparativo del texto del Antiguo Testamento

El estudio comparativo de las citas del Nuevo Testamento, con referencia al Antiguo, proporciona dos beneficios distintos. Una más amplia comprensión del pensamiento principal del texto donde ocurre la cita, y una mejor comprensión del método interpretativo del autor de la cita.

Pablo, como judío que hablaba el griego de la dispersión, usaba la Septuaginta en sus citas, aunque sin duda estaba familiarizado también con el texto hebreo.

Las citas de Pablo del Antiguo Testamento son, generalmente, sacadas de la Versión de los Setenta.

En este corto fragmento de Gálatas, hay seis citas del Antiguo Testamento, tres de las cuales son introducidas con una fórmula de referencia definida al Antiguo Testamento, Gálatas 3:8, 10, 13, y las otras tres son citadas sin decirlo, pero con indudable conocimiento de su origen por parte de Pablo Todas ellas se emplean como base para su argumento de prioridad de la promesa sobre la ley, y serían escogidas para dar más peso al argumento.

El primer punto de comparación se refiere a la exactitud de la cita. Es difícil establecer un exacto acuerdo entre las citas de Gálatas y el texto hebreo original, ya que el mismo texto griego de Gálatas lo tenemos por traducción. Sin embargo, tanto en la traducción española como en la griega la diferencia entre las citas de Pablo y sus fuentes de origen es relativamente ligera. Que Pablo usaba la versión de los setenta, está demostrado por Deut. 27:26 y 21:23, donde aparecen semejanzas verbales entre Gálatas y el texto de los Setenta, y entre Gálatas y el texto Masorético. Las citas restantes, aunque no exactas, no demuestran una relación determinada con respecto a los textos originales.

Aunque hay pequeñas diferencias entre las citas y sus fuentes originales, tales diferencias verbales no son tan pequeñas que no permitan identificar su origen, ni bastantes grandes para alterar el sentido. Pablo citó fielmente el Antiguo Testamento preservando el significado original.

El segundo punto de comparación se refiere a la correspondencia entre el pensamiento, o el argumento de Gálatas y el pensamiento que se esconde tras el contexto de la cita. Tomando las seis citas en serie el resumen total se encuentra en la siguiente expresión:

"Porque Abraham creyó a Dios y le fue contado por justicia".

Génesis 15:5, es la reacción de Abraham a una de las más importantes promesas que Dios le dio. Al llamarle de Ur de los Caldeos, Dios le había asegurado que por su descendencia serían bendecidas todas las familias de la tierra (Génesis 12:3). El carácter de esta bendición no fue definido entonces y el modo de cumplirla no podía verse, ya que Abraham carecía de hijos. Por muchos años Abraham permaneció sin tener hijos; y cuando Dios se le apareció otra vez, se le ocurrió a Abraham pensar que quizá la promesa pudiera ser cumplida por la adopción de su criado más antiguo, que se convertiría de este modo en su heredero. Abraham y Sara eran demasiado ancianos para tener hijos, y lo sabían. La respuesta de Dios fue: que sería un hijo nacido de Sara. La predicción parecía imposible, pero Abraham aceptando la palabra de Dios, a pesar de todas las imposibilidades, "creyó a Dios". Este acto de fe, apropiándose lo que Dios le había prometido como un hecho seguro, y echando al invisible futuro de su vida en las manos de Dios, fue aceptado por Dios como justicia. No por lo que Abraham hizo, sino porque creyó a Dios contra toda experiencia externa. Por ello Abraham fue puesto en una nueva posición ante Dios, recibiendo la seguridad del favor divino.

El principio de aceptar como un hecho lo que Dios promete, obrando de acuerdo con esta promesa, es la base de nuestra salvación o justificación ante Dios. Pablo está usando este texto del Antiguo Testamento para establecer la verdad de que Dios salva, no por lo que una persona es, sino por lo que Dios puede hacer por ella. El segundo pasaje (Génesis 12:3) no tiene una aplicación tan patente. La relación entre la justificación por la fe y la bendición prometida por medio de la simiente de Abraham, no se establece de un modo tan categórico en el Antiguo Testamento. Esta relación, puede ser descubierta sin embargo por medio de un rodeo, mostrando que la bendición divina a las naciones tiene que ser espiritual. ¿Qué quería Dios conceder a las naciones que sólo pudieran recibirlo por la simiente de Abraham? La definición de esta bendición, tiene que trazarse por medio de las profecías históricas y por las palabras de Jesús mismo, ya que Él era la simiente de Abraham (Mateo 1:1). Esto es un proceso más largo que lo que aquí pueda incluirse. El punto de vista de Pablo es empero cierto: Que la promesa de Dios a Abraham, incluía a los gentiles, y que las relaciones de Dios con Abraham y su descendencia tenían por objeto preparar una manifestación universal de la salvación.

La próxima cita de Deut. 3:26, es una parte del sumario de la ley que era cantado como una antífona por los grupos de judios puestos en los montes Gerizim y Ebal, cuando después de haber atravesado el Jordán, el pueblo de Israel entró en Canaán Las palabras "maldito todo aquel que no permanece en las palabras de la ley para cumplirlas", indican que la menor falta en el cumplimiento de la ley traía sobre el violador la maldición divina. De este modo el legalista vive constantemente bajo la amenaza de maldición, ya que no puede estar seguro de cuando desobedece la ley de Dios. Constantemente se halla bajo la ansiedad y el temor. Aun en el mejor de los casos, carece de seguridad en cuanto al futuro. De este modo el legalismo se convierte en pesimismo, pues la ley sólo puede referirse a una justicia negativa, y su función natural es condenar al pecador, y no producir un remedio positivo para el mal.

Por el otro lado, el principio positivo de la fe, es también declarado en Habacuc 2:4, que ahora Pablo esgrime como un argumento: "*El justo vivirá por la fe*". El contexto de Habacuc, en su sentido original, no es una discusión abstracta de la fe y las obras como medio de salvación, sino una situación creada por un peligro político. Babilonia se había convertido repentinamente en una gran potencia militar y estaba amenazando la independencia de todos los reinos pequeños del Oriente Medio. Una invasión parecía inminente y el profeta sabía bien que Judá no tenía fuerza para resistirla. Babilonia aplastaría el pequeño reino de Israel como una apisonadora aplasta un hormiguero. Sin embargo, para Habacuc el problema no era solamente político: "¿Cómo podía, un Dios justo a quien su nación adoraba, permitir que un poder pagano aplastara al pueblo que El mismo había escogido?". La invasión era políticamente inevitable, pero moralmente inexplicable. Por tanto el problema hería la fe profética desde su misma raíz.

Con toda prudencia Habacuc decidió esperar y oir lo que Dios le comunicaría. Dios le habló y le dio la seguridad de que el justo viviría por su fe. La seguridad en aquel apuro consistía en confiar en Dios, que era el único que podía defenderles del enemigo y salvar a su pueblo de las hordas avasalladoras. El principio de la fe en Dios es la llave de todos los problemas morales de la vida. En el ultimo capítulo de su profecía Habacuc, dice:

"Saliste para socorrer a tu pueblo, para socorrer a tus ungidos traspasaste la cabeza de la casa del impío, descubriendo el cimiento hasta la roca".

A pesar de que prevee la calamidad diciendo:

"Aunque la higuera no florecerá, ni en las vides habrá frutos; mentirá la obra de la oliva, y los labradores no darán mantenimiento, y las ovejas serán quitadas de la majada, y no habrá vacas en los corrale".

concluye triunfalmente:

"Con todo, yo me alegraré en Jehová, y me gozaré en el Dios de mi salud. Jehová el Señor es ri fortaleza, el cual pondrá mis pies como de ciervas, y me hará andar sobre mis alturas".

La fe engendra confianza, y los pasados desmayos del profeta se transforman en un canto triunfal por la seguridad de que Dios es más grande que el mal. Bastante grande para salvar a su pueblo. Pablo parte del mismo principio, mostrando como el individuo puede aplicarlo al particular dilema de la justicia y la misericordia divina. Si la justicia de Dios condena al pecador que quebranta la ley pero su misericordia le ofrece salvarlo, échese el culpable en las manos de Dios para ver que recurso Dios mismo proveerá.

La solución de este dilema no se encuentra empero en la misma ley pues el libro de Levítico 18:5, dice: "Por tanto mis estatutos y mis derechos guardaréis, los cuales haciendo el hombre vivirá en ellos: Yo Jehová".

El quid de la ley es acción, más bien que fe. Guardar la ley es propiamente una consecuencia de la justicia, y no su causa; como ocurre con la fe. La salvación por la fe y la salvación por las obras se excluyen por lo tanto mutuamente. La afirmación del libro de Levítico es parte de una instrucción general que Dios dio a Israel como preparación a su entrada a Canaán, y como Deuteronomio 27:26, es la declaración de un amplio principio, no es un precepto específico. Pero si como indica el pasaje de Deuteronomio, el hombre que vive bajo la ley se halla bajo la amenaza de la maldición divina, ¿cómo puede la fe sacarle de esta situación? La ley en sí misma carece de poder para ello, ¿qué recurso tiene Dios para el pecador? La última pregunta del párrafo prevee la respuesta final. Pablo dice: *"Cristo nos redimió de la maldición de la ley, siendo hecho por nosotros maldición, pues escrito está: "Maldito todo aquel que es colgado en un madero"*.

La frase de Deuteronomio 21:23 forma parte de una regla relacionada con las ejecuciones:

"Cuando alguno hubiere pecado de sentencia de muerte, por el que haya de morir y le habrás colgado en un madero, no estará su cuerpo por la noche en el madero, mas sin falta lo enterrarás el mismo día, porque maldición de Dios es el colgado: y no contaminarás tu tierra que Jehová tu Dios te da por heredad".

Cristo no había quebrantado la ley, pero al ser colgado en la cruz cayó bajo esta maldición y así tomó el lugar del pecador. La simiente de Abraham, el heredero de la promesa, había asumido el castigo de la ley quebrantada, y de este modo la bendición podía venir por él, libremente, a los gentiles.

De los principios enunciados en estas seis citas, e iluminadas por su contexto, Pablo construye su argumento teológico. El método comparativo muestra como las ideas del Antiguo Testamento, contenidas, ya sea en afirmaciones sobre principios fundamentales o en reglas aparentemente incidentales, corresponden, conjuntamente, con la declaración del Evangelio, de cuya doctrina el Antiguo Testamento era precursor.

El método exegético de Pablo fue probablemente aprendido en las escuelas rabínicas donde había sido educado. Es sorprendente que no use un método de espiritualización más seguro que el que hallamos algunas veces en sus epístolas. A veces usaba una simple alegoría como apoyo de una gran verdad teológica, como en Gálatas 4: 21-31, pero raramente. Otras veces su interpretación es indirecta, pero en todos los casos se ve como él sabía atraer principios básicos de Verdad, de textos de la Antigua Escritura para aplicarlo a los problemas de su tiempo.

La aplicación del método comparativo en la forma antes expresada ayudará al lector a comprender mejor su fondo histórico e intelectual, y a entrar en la mente del autor que lo escribió. Unirá diferentes partes de la Biblia y mostrará, de un modo cada vez más real, la unidad de aquella revelación que tiene como centro la persona de Cristo.

DE LA LETRA AL ESPIRITU

El Método Devocional

Letra: ley mosaica
el $ES lo importante directo
al corazon

CAPITULO X

DE LA LETRA AL ESPIRITU

aplicar la palabra a nosotros

EL METODO DEVOCIONAL

Descripcion

Los varios tipos de estudio que han sido aplicados a Gálatas, tienen todos su lugar en un tratamiento completo del libro, pero ninguno de ellos, ni siquiera todos juntos, producirán el efecto por el cual el libro fue originalmente escrito. Ni Pablo, ni el Espíritu Santo que le impulsó a escribir, se proponían hacer que todos los lectores de Gálatas usaran el sagaz método crítico o se habilitaran en el complicado método de análisis exegético. Estos métodos pueden ayudar a producir una buena comprensión de la epístola, pero un mero conocimiento de sus hechos o de su estilo nunca imprimirán su verdadero mensaje en el corazón creyente. La coronación de todo estudio es el método devocional, por el cual las verdades descubiertas por medio de los varios métodos descritos, entran y se aplican a las necesidades del individuo.

Definición

A pesar de que el método devocional es siempre favorecido por el uso de los otros métodos, no le es necesario depender de ellos. Se puede usar este último método por sí mismo y aplicarlo a un solo versículo o frase tan bien como a todo el libro. Con todo, siempre es de más valor, cuando se usa en conjunción con los demás métodos, y cuando se compenetran mutuamente. El estudio devocional no es tanto una técnica como un estudio espiritual. Es el espíritu de fervor que busca la mente de Dios: es el espíritu de aventura, que se arriesga a cumplir lealmente la voluntad de Dios; es el espíritu de adoración que quiere permanecer y permanece en la presencia de Dios. Es evidente que el propósito de esta epístola no fue preparar a los Gálatas o a sus subsecuentes lectores para un examen teológico, sino prepararles para vivir una vida según Dios.

El objeto del estudio devocional es encontrar un centro alrededor del cual el pensamiento pueda influenciar la conducta, y beneficiarla en términos de santidad y servicio. Ya que las Escrituras son el mensaje de Dios, sus enseñanzas proveen siempre este centro, ora por precepto o por ejemplo, y su aplicación se determinará por su analogía con la situación existente en cada lector.

Integración

Hay tres centros en el estudio devocional, que son aplicables a casi cada texto o porción de un texto.

1.ᵃ ¿Qué enseña este pasaje acerca de Cristo.
2.ᵃ ¿Qué nueva verdad aporta?
3.ᵃ ¿Cómo ilumina la propia experiencia personal?

Apliquemos estas tres preguntas a la última sección de Gálatas (6:11-18). Debe observarse que esta porción de la epístola viene a ser un sumario del significado del libro entero. Pablo expresa en ella la verdad final, y el final testimonio que saca su enseñanza del reino de lo abstracto, a la realidad concreta y personal. Sentía que lo que estaba debatiendo, las libertades por las cuales luchaba con todo tesón, eran una parte vital de su propia experiencia.

En este sumario enfatizó a Cristo en relación con la cruz. Los motivos de los judaizantes no eran, dijo, un verdadero celo por la ley, sino una renuncia a ser perseguidos por la cruz de Cristo (6:12). No estaban dispuestos a afrentar la vergüenza que les venía de ser seguidores de Uno que había muerto bajo la maldición de la ley. Querían retener el favor de los que habían rechazado a Cristo y al mismo tiempo permanecer cristianos. Para poder mantener su inconsistente posición querían apoyarse en el número, y por lo tanto insistían en que otros se les juntaran en su estricta adherencia a la ley ceremonial.

La cruz de Cristo, cuando se usa como una medida para comprobar la actitud del hombre interior, revela motivos ulteriores y muestra a los hombres tales como son moralmente. Al compararlo con la muerte de Cristo, ¡cuánto celo religioso viene a ser solamente ambición egoísta! ¡Cuánta justicia se practica tan sólo por el temor de ser cogido en falta ante la sociedad! ¡Cuánta profesión es simple hipocresía! Del mismo modo que la cruz reveló el egoísmo y la malicia de los judaizantes, así revela hoy día los pecados y defectos de todas las otras personas.

Sin embargo, la cruz no es una carga intolerable, ni el fin de todos los goces. Pablo se alababa de que por ella había encontrado libertad. Por su unión representativa con Cristo en su muerte, el creyente encuentra que el mundo es crucificado para él y él para el mundo. Tan cierto como Cristo murió, cortando por un tiempo toda conexión entre el mundo y su persona, así el creyente es emancipado de las demandas mundanas. Ya no puede aceptar sus ideales porque ha tomado como propios los ideales de Cristo. Sus modas son temporales, y las cosas de Dios eternas. Cada verdadero creyente ha sido separado del mundo a causa de la cruz, y ya el mundo no le reconoce como uno de los suyos. Ha quedado colocado en unas nuevas circunstancias (6:1-5) que sólo pueden ser descritas como una nueva creación.

Por esta razón, la libertad en Cristo es el dominio de Cristo. "Yo llevo en mi cuerpo las marcas de Jesús" (6: 17) es una figura tomada de la esclavitud. Un esclavo era señalado con la marca de su amo, o se le identificaba por alguna cicatriz distinguible, para mostrar a quien pertenecía. Pablo, pensando posiblemente en las cicatrices producidas por apedreamientos y flagelacioles, habla de las marcas que indicaban su pertenencia a Cristo. Como la cruz había dejado cicatrices en el Cristo resucitado, así los sufrimientos de Pablo por Cristo, le habían dejado marcado. Estos recuerdos visibles de persecución y lucha los llevaba con gozo y aun con orgullo. Al revés de la circuncisión, eran estas marcas el resultado de su elección voluntaria en los años maduros de su vida, y no venian a ser la consecuencia de una costumbre familiar, sino de un genuino amor. Paradógicamente eran las marcas de su libertad, pues como siervo de Cristo se había emancipado de las costumbres y ceremonias de la ley, y era tan independiente del fariseísmo como del clericalismo. Cristo era más que la circuncisión y la salvación más que el legalismo.

De estas consideraciones emana el segundo corolario, o sea que, ni la circuncisión vale algo, ni la incircucisión sino la nueva criatura (6:15).

Ni la observancia de la circuncisión ni su repudio tienen nada que ver con la vida cristiana; el verdadero secreto consiste en si uno posee o no la nueva vida que le hace nueva criatura en Cristo. Si la posee, ninguna otra cosa importa; si no la posee, ningún rito externo podrá impartirla. El esfuerzo propio no puede producir vitalidad espiritual. Tiene que empezar por la recepción del Espíritu Santo que domina al individuo y lo trae a la norma c influjo de la cruz.

La conclusión del libro nos presenta por lo tanto el modelo de la experiencia personal.

Empieza con una crisis. El término "crucificado", que Pablo usa ha de referirse a aquella experiencia que realizó en su vida el milagro de su transformación. Pasada esta crisis vivió en un nuevo dominio, en el cual las cosas viejas habían pasado, y todas habían sido hechas nuevas. La regla en este nuevo reino era conformidad con Cristo. El énfasis positivo de semejante ideal aseguraba recta conducta y paz en el corazón. No era ni licencia ni esclavitud, sino una equilibrada lealtad a Cristo que producía una obediencia feliz. Esta clase de vida tenía que significar necesariamente propia abnegación y sufrimientos, pero estos mismos no eran considerados como obstáculos para la victoria, ni tampoco como obras meritorias Eran simplemente el precio natural que ha de ser pagado para el desarrollo normal de la vida cristiana.

La oración final del libro de los Gálatas es que la gracia de nuestro Señor Jesucristo pueda estar en el espíritu de los hermanos, en las diarias circunstancias relacionadas con esta clase de vida.

Expresión

Este método devocional no puede ser reducido a ninguna fórmula determinada. No puede fijarse ningún patrón por el cual un creyente individual pueda sacar de un pasaje de las Escrituras todo el provecho posible, o un provecho igual al obtenido por el estudio devocional realizado por otra persona. Ningún texto será iluminador y estimulante a todos los lectores del mismo modo, y el beneficio del propio estudio variará según sus circunstancias, su temperamento y su madurez espiritual.

En el caso de Pablo su devoción fue expresada por su fervorosa premura, pues escribió la epístola de su propia mano a causa de su intenso deseo de preservar la pureza espiritual de sus seguidores. Y fue revelado por su extraordinario esfuerzo intelectual para trazar sus propios argumentos en la discusión de un problema como el que existía en Galacia. También se demostró su devoción a Cristo por su paciencia en sobrellevar penalidades que habían dejado sobre su cuerpo las marcas a que se refería. Producía una completa indiferencia a todos los atractivos y placeres que podían apartar su atención de Cristo. Y se manifestaba, finalmente, en la benevolente calma que le permitía encomendar a la gracia del Señor a estas iglesias recalcitrantes.

La realidad de la vida devocional de Pablo, según se refleja en este libro de los Gálatas, parece hallarse resumida en el famoso himno de Isaac Watts, que dice, en nuestra más popular traducción española:

La cruz sangrienta al contempar,
Do el Rey de gloria padeció,
Riquezas quiero despreciar

Y a la soberbia tengo horror.
Mi gloria y mi blasón será
La cruz bendita del Señor;
Y lo que di a la vanidad
Se lo dedico con amor.
Sus manos, su costado y pies;
De sangre manantiales son;
Y las espinas de su sien
Mi aleve culpa las clavó.
Cual vestidura cubre al Salvador;
Y pues murió Jesús por mí
Por El al mundo muero yo.
¿Y qué podré yo darte a Ti
A cambio de tan grande don?
¡Todo es tan pobre! ¡Todo es ruín!
¡Toma, oh Dios, mi corazón!

INDICE

INDICE